Frank Quilitzsch

Dinge, die wir vermissen werden

Vom Teppichklopfer
bis zum Liebesbrief

Gustav Kiepenheuer Verlag

Mit Illustrationen von NEL

ISBN 3-378-01061-4

1. Auflage 2002
© Gustav Kiepenheuer Verlag GmbH, Leipzig 2002
Einbandgestaltung gold, Fesel/Dieterich
Druck und Binden EGEDSA S.A., Sabadell/Barcelona
Printed in Spain

www.gustav-kiepenheuer-verlag.de

Inhalt

Klopfkonzerte live (der Teppichklopfer)   9

Erika, meine Liebe (die Schreibmaschine)   14

Am eignen Leibchen (das Leibchen, der Strumpf-
    halter)   19

Das Ende des Einmaleins (der Rechenschieber) . .   23

Nostalgisches Knistern (die Schallplatte)   27

Mit Stumpf und Stiel (die Spitzmaschine)   32

Katze in der Röhre (der Kohlenherd)   37

Der Tag, an dem die Kohlen kamen (das Brikett,
    der Koks)   40

Bin nur ein Tintenkleckser auf Erden (der Brief,
    der Liebesbrief)   44

Kunst für Könner und Dilettanten (das Plumps-
    klosett)   48

Anfang der Eiszeit (die Speisekammer, der Eis-
    schrank)   53

Wenn man zog, zischte Luft hinein (das Einmach-
    glas)   57

Handys hoch! (die Telefonzelle)   61

La Paloma ade (das Zeitkino)   66

Die Diktatur der Busfahrer (das Wartehäuschen)   70

Der Krieg mit den Rasenmähern (die Sense) 75

Zwischen Himmel und Erde (der Paternoster) 79

Schnurren im Bett (die Wärmflasche, das
Heizkissen) 83

Speller-Augusts Wanderjahre (der Reisigbesen) . . . 88

Warten auf Godot 601 (der Trabant) 92

Rätsel um das Bermuda-Dreieck (die Dreieckbade-
hose) 97

Urgroßmutters Notate (die Handschrift) 102

Verschollen im Sonnenblumenwald (die Dibbel-
maschine) 106

Lux der Pazifist (der Hundewagen) 110

Rüden an die Leine (der Mann) 115

Heiz den Badekessel an! (die Zinkbadewanne) 119

Wir Deutschen sterben aus (die Großfamilie,
die Deutschen) 124

Finnische Zeiten (die Stoppuhr) 128

Die fleißige Müllerin (die Kaffeemühle) 132

Immer war das Löschblatt weg (das Tintenfaß,
der Füllfederhalter) 136

Damals hinterm Mond (der Nachtwächter, der
Ausrufer) 141

Heidekraut im See (das Heimatdorf) 146

Hörst du, wie ich leide? (die Tonbandkassette) 150

Wenn der Schwan rollt (der Korbkinderwagen) . . . 154

Mangelwirtschaft (das Waschbrett, die Mangel) . . . 158

Zeitbombe am Bett (der Wecker) 163

Sparbüchse vorm Bauch (die Schaffnertasche) 167

Auf zum letzten Gefecht! (die Bleisoldaten) 171

Sofakino (der Kleinbildwerfer, die Schmalfilm-
    kamera) 175

Glücksengel und Trauerbote (das Telegramm) 180

Wenn ich mal alt bin (der Spazierstock) 185

Erinnerung an Friederike F. (die Urgroßmutter) . . 189

Fächer und Fliegenklatsche (die Tageszeitung) 193

Rote-Rüben-Kantate (der Tadel, das Zeugnisheft) . . 197

Letzte Rauchzeichen (die Zigarette) 202

Dinge, die wiederkehren (der Sendeschluß) 205

Klopfkonzerte live

Ein jegliches hat seine Zeit. Nicht nur Tiere und Pflanzen sterben aus. Auch Gegenstände gehen verloren. Eines Tages sind sie verschwunden, unbemerkt und unwiederbringlich. Gestern hatte man sie noch zur Hand, morgen schon sind sie nicht mal mehr im Kopf. Nehmen wir den Stiefelknecht. Der wurde schon zu Urgroßvaters Zeiten aus dem Hausrat entlassen. Oder die Milchkanne. Wo klappert sie noch auf dem Weg in den Milchladen? Und wer erinnert sich, wie der Milchmann aussah? War er weiß, hatte er ein Milchgebiß und ein Sahnehäubchen auf dem Kopf? Wie steht es um die Krawattennadel, den Manschettenknopf, die Hosenklammer, die Bartbinde und das Haarnetz? Alles noch in der Kommode? Oder vielleicht doch schon verlegt und verbannt – aus den Augen, aus dem Sinn?

Neulich hörte ich an der Tankstelle ein vertrautes Geräusch. Jemand hatte die verschmutzten Fußmatten aus seinem Auto gezogen und schlug sie gegen ein Metallgeländer. Die Schläge erinnerten mich an unseren Teppichklopfer, *Ausklopper* genannt. Er kommt im

Brockhaus nicht vor. Dafür der Rohrstock, ein bei Schulmeistern beliebtes Instrument zur Züchtigung ungehorsamer Schüler, das heute nur noch in der Literatur, im Film und im Museum vor sich hin pfeift. Allerdings ließ sich auch mit dem auf Teppiche, Läufer und Bettvorleger abgerichteten Ausklopfer der Hintern versohlen. Ich kann das bezeugen, denn ich habe unseren Ausklopfer, der die meiste Zeit an einem Nagel in der Besenkammer hing, zweimal auf meinem Allerwertesten gespürt. Das erste Mal, weil ich meine Mutter angelogen und, um meinen Mittagsschlaf zu verkürzen, den Wecker um eine Stunde vorgestellt hatte. Das zweite Mal, weil ich den Ausklopfer versteckt hatte – aber eben nicht gut genug. Auch wenn ich ihn nicht mag, setze ich den Teppichklopfer ganz vorn auf meine *Rote Liste* der vom Vergessen und Verschwinden bedrohten Gegenstände.

Die Älteren unter uns werden sich an ein leichtes, griffiges, federndes Etwas erinnern, knapp einen dreiviertel Meter lang, eine Art Tennisschläger für den Hausgebrauch. Der Ausklopfer war strohfarben wie unser Wäschekorb und ebenso kunstvoll geflochten. Da er sich nur im Freien benutzen ließ, rollte mein Vater die zur Reinigung bestimmten Teppiche zusammen, trug oder schleifte sie die Treppe hinunter und wuchtete sie über die Teppichklopfstange im Hof.

10

Teppichklopfstangen hießen die zwischen Bäumen, Sträuchern und Wäschepfählen einbetonierten Vorrichtungen, die sich auch gut zum Turnen und als Fußballtore eigneten. Hing der Teppich endlich im Gleichgewicht, wurde ihm das Fell gegerbt. Mein Vater drosch mit voller Kraft und von beiden Seiten auf ihn ein, bis der Arm erlahmte. Manchmal drohte mein Vater schon vorher in der Staubwolke zu ersticken. Die Schläge hallten von Hof zu Hof, denn sie wurden von den Hauswänden zurückgeworfen. Im Winter lagen die Teppiche zum Ausklopfen und Ausbürsten auch im Schnee, der die Schläge dämpfte. Regelmäßig, zumeist am Freitagnachmittag und am Sonnabendvormittag, konnte man im Wohnviertel das Klopfkonzert live verfolgen.

Doch setzte der Fortschritt der Prügelei ein Ende. Der bequemere Bodenstaubsauger wurde erfunden. Die Teppiche brauchten nicht mehr umständlich unter den Möbeln hervorgezogen und in den Hof geschleppt zu werden. Die Säuberung spielte sich nun geräuschvoll in der Wohnung ab und wurde mir übertragen. Ich mußte jeden Freitag alle Zimmer saugen. Bald haßte ich den *Staubsauber*, wie meine Mutter das Gerät nannte, mehr als den Teppichklopfer, denn der Staubsauger raubte mir meine Freizeit. Wenigstens konnte ich mir die Arbeit erleichtern. Wenn das Wohnzimmer an die Reihe kam, legte ich die Schallplatten meiner Eltern auf, öffnete die Hausbar und belohnte mich von Zeit zu Zeit mit einem ordentlichen Schluck. Bald kannte ich alle vorrätigen Wodka-, Weinbrand- und Likörsorten und konnte sämtliche Hits vom *Amiga-Schlagerexpreß* mitsingen: »Rote Lippen soll man küssen«, »Twist im Park« und »Irina, Irina, Irina, deine Augen sind wie Sterne ...«. Die Flaschen füllte ich je nach Farbton mit Wasser, Cola und Sirup wieder auf. Meine Eltern hörten den Staubsauger, die Schlager und mein fröhliches Geträller und wunderten sich, daß mir das Staubsaugen plötzlich so großen Spaß machte. Ich wundere mich, daß aus mir kein Alkoholiker geworden ist.

Teppichklopfer, der: *zum Ausklopfen von Teppichen dienendes, meist aus geflochtenem Rohr bestehendes Haushaltsgerät in Form einer durchbrochenen Fläche mit Handgriff*

Erika, meine Liebe

Noch bis vor kurzem war sie aus keinem Büro wegzudenken und ratterte unermüdlich in den Redaktionen. Heute gehört sie zum alten Eisen. Der PC hat das mechanische Wunderwerk aus unserem Leben verdrängt; und auch ich streiche, während ich diese Zeilen schreibe, mit den Fingern über eine Flachtastatur, wenngleich doch mein Herz noch immer an ihr, an meiner alten *Erika* hängt. Hiermit setze ich sie auf die Liste der von Verschrottung bedrohten ... ja was? Arbeitstiere? Schreibsklavinnen? Dienerinnen mit widerspenstigem Charme?

Jahrzehntelang haben wir Schreiberglück und -leid miteinander geteilt; sie kennt meine Flüche, ich ihre Macken und Laster. So manche Nacht haben wir gemeinsam durchrackert. Zu meiner Schreibmaschine hatte ich noch eine persönliche, geradezu private Bindung, nennen wir es ruhig ein Verhältnis. Schon sie auszupacken und betriebsbereit zu machen, war eine intime Handlung: Öffnen des Koffers, Abnehmen des Überzugs, Bewegungssperre lösen, Blatt einspannen,

14

gegebenenfalls weitere Blätter sowie Blaupause oder Kohlepapier unterlegen für die Durchschläge. Durch-Schläge! Verzeih, Liebling, diesen harschen Ausdruck, aber du verlangtest einen harten Anschlag.

Von wegen platonische Angelegenheit! Beim Essen und beim Sex, so lehrte mich ein Philosoph, muß der Mensch schwitzen. Auch beim Maschineschreiben, wage ich zu ergänzen. Ich rieche noch den Angst-schweiß, der mir aus allen Poren brach, wenn die Ideen versiegten. Manchmal schüttelte mich auch heiße Wut. Ach, Erika, warum soll ich es verschweigen: Fast immer klemmten ein paar deiner Tasten, deine Typen verfette-ten, verdreckten und kleisterten aneinander. Oft mußte ich mitten im Schreibfluß innehalten und das zum »o« gefüllte »e« wieder sauberkratzen; oder es waren die ver-schmutzten »n« und »m« nicht mehr voneinander zu un-terscheiden. Am besten eignete sich zur Typenreinigung eine auseinandergebogene Büroklammer. Bei hartnäk-kigeren Verkrustungen nahm ich eine Zahnbürste zu Hilfe. Von Zeit zu Zeit fiel eine deiner Tasten ab und mußte angeleimt werden. Und nach jedem Wechsel des Farbbandes zeigten sich häßliche Fingerabdrücke auf dem weißen Papier.

Niemand ist perfekt. Hatte ich mich vertippt, konn-ten nur eine Rasierklinge oder ein Hartradiergummi aus der Patsche helfen; später habe ich solch ein Malheur mit stinkendem Tipp-Ex übertüncht. Über ein eigenes Korrekturband verfügte meine Erika noch nicht. Häuften sich die Fehler, mußte ein neues Blatt her. Viele Versuche – volle Papierkörbe. Doch welch vorwärtstreibendes, rhythmisches Geklapper, wenn die Gedanken galoppierten! Die Maschine ratterte und klingelte fröhlich am Zeilenende, und die Walze schnarrte beim Zeilensprung. Freilich war das nur Musik in meinen Ohren, nicht in den Ohren meiner Frau und unserer Wohnungsnachbarn.

Maschinengeschriebene Texte hatten eine persönliche Note, und die Kriminalpolizei konnte anhand des Schriftbildes einen Erpresser überführen. Der Schriftsteller und Nobelpreisträger Isaac Bashevis Singer hielt die Schreibmaschine für beseelt und wollte ihr keine einzige schlechte Geschichte zumuten. Berühmte Schreibmaschinen wie die von Ernest Hemingway, Bertolt Brecht oder Franz Fühmann genießen heute ihren Ruhestand in Ausstellungen und Museen. Ob so viel Ehre jemals einem Computer zuteil wird? Man denke sich einen PC mit Monitor und Keyboard als Ausstellungsstück, versehen mit dem Hinweis: Auf dieser Festplatte speicherte Peter Sloterdijk seinen »Menschenpark« unter Windows 98 ...

Ach, Erika, alte Tippse!

Schreibmaschine, die: *Gerät, mit dessen Hilfe durch Nie-
derdrücken von Tasten Schriftzeichen mittels Farbband auf ein
eingespanntes Papier übertragen werden*

Erika: *Markenname einer Schreibmaschine aus dem VEB
Schreibmaschinenwerk Dresden*

Am eignen Leibchen

Eigentlich hatte ich eine glückliche Kindheit. Vielleicht ausgenommen jene Momente, in denen ich – im Alter von zwei oder drei Jahren – für den Wochenend-Familienausflug ausstaffiert, um nicht zu sagen: präpariert wurde. Wir wohnten in Halle an der Saale und fuhren jeden Sonnabend zu meinen Großeltern aufs Heidedorf. Der Weg führte über die Chemie- und Braunkohlenstadt Bitterfeld. Die Ankleideprozedur fand daheim auf der Küchenbank statt und dauerte eine halbe Stunde, die ich halb stehend, halb sitzend über mich ergehen ließ; wenn ich daran zurückdenke, sträubt sich mir das Fell.

Die Schuld lag nicht bei meinen Eltern allein. Der Krieg war zwar vorbei, doch die Versorgungslage im Osten blieb angespannt. Vor allem hatte man hier die hautverträgliche Strumpfhose noch nicht erfunden. Ich bekam die Not in Form zweier Kratzstrümpfe zu spüren, die meine Großmutter aus einem aufgetroddelten Pullover gestrickt hatte. Sobald die Strümpfe über meine Füße gerollt wurden, bekam ich Hautausschlag – was man jedoch erst sah, wenn ich sie wieder ausziehen durfte. Doch damit der Leiden nicht genug. Weil die wollenen Folterröhren nicht von selbst oben blieben, wurden sie an einem anderen Wäschestück befestigt, das mir Brust und Bauch einzwängte und auf dem Rücken zugeknöpft wurde. Da dieses sogenannte Leibchen heute in leicht abgewandelter Form nur noch in Beate-Uhse-Shops erhältlich ist, setze ich es auf die Liste der von Vermottung bedrohten Kleidungsstücke.

Mein Leibchen war gerippt und sah lustig aus, doch in Wahrheit handelte es sich um ein Büßerhemd mit herabbaumelnden Strumpfhaltern. An diese wurden die braunen Strümpfe geknüpft, das heißt, das jeweilige Strumpfende wurde zwischen Knopf und Drahtlasche geklemmt. Komplettiert wurde meine Wochenend-Ausflugsgarnitur durch eine weiße Strickjacke und eine ebenso weiße Schildmütze mit Kinnband.

Wie gesagt, die Fahrt ging von Halle nach Bitterfeld, und spätestens an der ersten Bitterfelder Bordsteinkante stolperte ich und paßte mich farblich der ruß- und kohlenstaubgeschwängerten Umgebung an. Die ersten Stürze waren noch Ungeschick und hatten nur Ermahnungen oder eine Ohrfeige zur Folge. Doch da schmutzige Strümpfchen, Jäckchen und Mützchen nach der Ankunft rasch gegen einen viel angenehmer zu tragenden, an den Ellenbogen und Knien herrlich

ausgebeulten schwarzen Trainingsanzug ausgetauscht wurden, lernte ich schnell und rettete mich in die *Fallsucht*.

Diese sorgte dafür, daß ich bei nächster Gelegenheit bereits auf der Bitterfelder Bahnhofstreppe und beim übernächsten Mal schon auf dem Bahnsteig hinschlug. Um zu verhindern, daß ich aus dem haltenden Zug fiel, wurde ich künftig von meinem Vater aus dem Waggon gehoben und bis zur Bushaltestelle getragen, wo es mir endlich in einem unbeobachteten Moment gelang, über meine eigenen Füße zu stolpern. Am Wochenende darauf stolperte ich bereits auf dem Hallenser Hauptbahnhof, dann vor der Hallenser Straßenbahn, schließlich schon auf dem Bürgersteig vor unserem Haus in der Freienfelder Straße. Meine Eltern überlegten, ob sie mich überhaupt noch mit zu den Großeltern nehmen konnten. Schließlich gaben sie nach und erlaubten mir, gleich im Trainingsanzug zu reisen. Von jenem Tage an gab ich mir alle Mühe, den aufrechten Gang zu trainieren. Freilich bin ich dabei noch öfter gestrauchelt.

Leibchen, das: *miederartiges Kleidungsstück für Kinder, an dem Strumpfhalter befestigt sind*

Strumpfhalter, der: *paarweise für jedes Bein an einem Hüfthalter o. ä. angebrachtes (breites) Gummiband mit kleiner Schließe zum Befestigen der Strümpfe*

Das Ende des Einmaleins

Als Schüler wurde ich ein paar Mal Klassenbester im Kopfrechnen, doch am Rechenstab war ich eine Null. Vielleicht sollte ich zunächst erklären, was Kopfrechnen ist. In einer Zeit, da der Taschenrechner noch nicht erfunden war, lernten wir das kleine und das große Einmaleins. Zu Beginn mancher Rechenstunde – wir hatten damals tatsächlich *Rechnen* und noch nicht Mathematik – wurde im Klassenzimmer ein Wettbewerb veranstaltet. Jeweils zwei Schüler mußten gegeneinander antreten, und wer als erster das richtige Ergebnis heraustrompetete, blieb im Rennen und durfte eine Bank weiterrücken. 144! 361! 169! 441! brüllte ich. Ich saß ganz hinten rechts, und wenn ich einen guten Tag erwischt hatte, wanderte ich durch die ganze Klasse. Vorn links angekommen, empfing ich das Lob meiner Lehrerin Frau K. Ein paar Jahre später zogen Tafelwerk und Rechenstab in den Unterricht ein, und ich versagte.

An den Rechenstab – oder besser Rechenschieber – erinnere ich mich, weil ich ihn dauernd vergaß. Ich konnte mit ihm nicht umgehen, aber ich habe ihn bewundert. Es gab Rechenschieber aus Metall und solche aus Plast. Meiner schimmerte wie Elfenbein. Er bestand aus mehreren gegeneinander verschiebbaren Skalen und funktionierte rein mechanisch. Um zwei Zahlen miteinander zu multiplizieren oder eine durch eine andere zu dividieren, mußte die Schiene zwischen den beiden Schenkeln bewegt werden. Doch in welche Richtung und bis zu welcher Stelle? Und wo las man das Ergebnis ab? Ich schob und schob und gelangte zu immer merkwürdigeren Resultaten.

Das Einmaleins schien außer Kraft gesetzt. 5 mal 5 war plötzlich 2,23. Die Wurzel aus 9 gleich 81. Und egal wie oft ich ein und dieselbe Zahl mit Pi multiplizierte, ich bekam jedesmal etwas anderes heraus. In der Oberstufe schrieben wir Rechenschieber-Klassenarbeiten, und diejenigen, die beim Kopfrechnen nicht vom Fleck gekommen waren, schoben und glitten jetzt an mir vorbei, als wäre ich ein mathematischer Analphabet. Verzweifelt versuchte ich gegenzuhalten, überschlug fieberhaft im Kopf, rechnete auf einem Schmierzettel, doch ich schaffte es nicht, alle Aufgaben in der vorgegebenen Zeit zu lösen. Mein Mathelehrer Herr L. betrachtete den halbleeren Zettel, runzelte die Stirn und empfahl mir Nachhilfestunden im Rechenschieben.

Rechenschieben! Das Wort erinnert mich an die Verkäuferinnen im *Russenmagazin*, die, statt die Warenpreise in eine Registrierkasse einzutippen, kleine rote Kugeln schoben. Das ging atemberaubend flink, manchmal flogen die Kugeln hin und her, daß es nur so klackte. Die Rechenkugeln waren auf Metallstäben aufgereiht, ich habe nie begriffen, nach welchem Dezimalsystem. Mit dieser in allen Garnisons-Verkaufsstellen der Roten Armee anzutreffenden Grundrechenmaschine ließ sich bestimmt kein *Sojus*-Raumschiff steuern, aber sie war eine zuverlässige Methode, die Summe aus Wodka, Speck und Kaviar zu ermitteln.

Es tröstet mich, daß mittlerweile auch der Rechenstab ein Opfer des Geschwindigkeitsrausches geworden ist. Im Wettstreit mit dem solarbetriebenen Taschenrechner hatte er nicht die Spur einer Chance, irgendwann zog er sich in sein Futteral zurück. Die Russenläden sind mit der Roten Armee aus unserem Leben verschwunden. Vermutlich schieben die Verkäuferinnen heute im Brotladen von *Baikonur* eine ruhige Kugel.

Rechenschieber, der: *(auch Rechenstab) stabförmiges Rechengerät mit gegeneinander verschiebbaren, logarithmisch eingeteilten Skalen*

Nostalgisches Knistern

Sag mir, welche Schallplatten du im Schrank hast, und ich sage dir, wer du bist. Ich rede von gepreßten Langspielplatten und nicht von Compactdiscs. Cmpctdscs! Was für ein sinnliches Wort. Compactdiscs sind handtellerklein und stecken in sterilen Plastikcovern, sie sind abwaschbar und glitzern wie Weihnachtsbaumschmuck. Die Schallplatte dagegen ist unhandlich, schwarz und autonom. Sie läßt sich weder in Schubkästen packen noch zu Türmen stapeln.

Schallplatten stehen bei mir nebeneinander im Regal. Ihre Rücken sind so schmal, daß ich nicht erkennen kann, was auf ihnen draufsteht. Ziehe ich eine Platte heraus, kommen sofort zwei, drei weitere nach. Die Plattenhüllen sind aus Pappe und durch häufigen Gebrauch zumeist abgeschabt oder eingerissen, Asche- und Kaffeeflecken adeln ihre Oberfläche. Worin liegt eigentlich der Reiz der Schallplatte? In ihrer Zerbrechlichkeit, in ihrem nostalgischen Knistern? Oder in ihrer Kurzlebigkeit? Nein, in der Umständlichkeit ihres Gebrauchs.

Langspielplatten haben immer zwei Seiten und den

Verliebten stets Probleme gebracht. Man saß umschlungen auf der Couch, rutschte, von einer Flasche *Tokayer* oder *Bärenblut* beschwipst, allmählich in die Horizontale und ratsch und knack! – war die Platte zu Ende. Es half nichts, um der Fortsetzung willen mußte man sich hochquälen, sich zum Plattenspieler bewegen, die Scheibe umdrehen – wobei das Loch bei Kerzenschein nicht leicht zu finden war – und den Tonarm wieder in die Startposition rücken. Meist wußte ich schon vorher, daß die Scheibe gleich zu Ende war, und wurde nervös. Hatte die Platte einen Sprung, hakte die Nadel auf der Stelle, und die Stimmung ging erst recht flöten. Es kam vor, daß man splitternackt aus dem Bett hechtete, nur um rechtzeitig die Platte umzudrehen. »Genug ist nicht genug« von Konstantin Wecker oder Wenzels »Stirb mit mir ein Stück«. In mancher Nacht sind wir zwanzig Tode gestorben, nur um den Plattenteller am Drehen zu halten. Vermutlich wurden durch die Schallplatte mehr Kinder verhütet als durch die Pille. Heute lieben wir im musikalischen Dauerbetrieb, einarmig, mit der Fernbedienung in der Hand. Oder nach dem Repeat- und Random-Prinzip. Improvisation und Opferbereitschaft sind kaum noch gefragt. Wenn man früher zu einer Freundin sagte: Komm mit, ich zeige dir meine Plattensammlung!, war klar, daß die Nacht darüber vergehen würde.

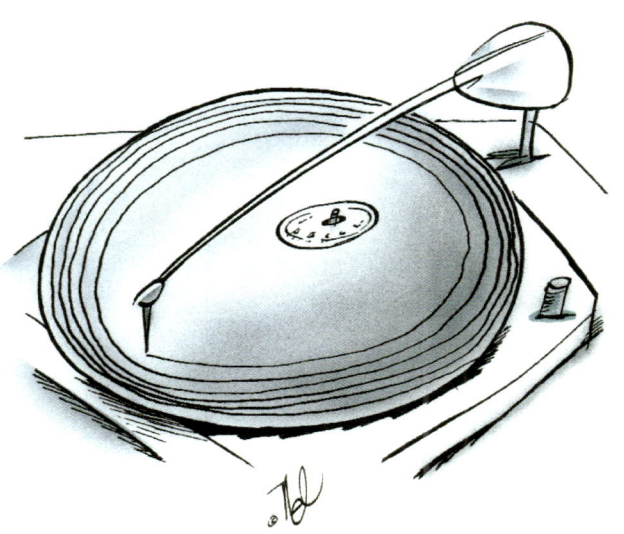

Was die *Westmusik* betraf, so lagerte in fast jeder Studentenbude die gleiche Kollektion von Langspielplatten. Nach Lizenzscheiben haben wir angestanden, sie kamen, wenn überhaupt, unangekündigt in die Plattenläden. Oft wurden sie nur unter dem Ladentisch gehandelt: Bob Dylan und Joan Baez, Leo Kottke und Carlos Santana, Klaus Doldinger, Herbert Grönemeyer, Genesis und die Dire Straits.

Was für ein Gefühl, nach mehrstündigem Warten in der Schlange ein Pink-Floyd-Album in den Händen zu halten – »The Dark Side Of The Moon« oder »Wish You Were Here«! Oder John und Yokos »Double Fantasy«. Lässig trug man die steife Papiertüte unterm Arm nach Hause und wurde unterwegs pausenlos nach ihrem Inhalt gefragt. An solchen Abenden drehten sich überall auf den Plattentellern die gleichen schwarz glänzenden, noch staub- und kratzerfreien Amiga-Scheiben, spielte in der ganzen Stadt derselbe Hit. Wir lauschten andächtig und verzückt, interpretierten die Welt von der A- bis zur B-Seite neu oder tanzten dazu. Entscheidend war nicht so sehr, *welche* Neuheit man im Plattenladen erstanden hatte, Hauptsache, man hatte sie. Jederzeit reihten wir uns ein und griffen zu. Nach Möglichkeit mehrmals. Noch heute bin ich stolzer Besitzer von drei Exemplaren des Albums »Alexis Korner and Friends«. Sie klemmen irgendwo nebeneinander in meinem Plattenregal. Das letzte Mal habe ich das Album vor zehn oder zwölf Jahren abgespielt. Nie im Leben würde ich Alexis Korner von einer Compactdisc hören. Cmpctdscs!

Schallplatte, die: *aus Kunststoff gepreßte, runde Scheibe mit auf jeder Seite je einer spiralförmigen, feinen Rille, in der Tonaufnahmen gespeichert sind, die mit Hilfe eines Plattenspielers wiedergegeben werden können*

Mit Stumpf und Stiel

Die Spitzmaschine war einmal der letzte Schrei der modernen Büroausstattung. Sie wurde mit Hilfe einer Schraubzwinge an der Schreibtischkante befestigt. Ich habe sie nie auf einem Chefschreibtisch gesehen, nur an den Tischen der Sekretärinnen und des anderen untergeordneten Personals. Wahrscheinlich gehörte es damals zu den Sekretärinnenpflichten, die Stifte des Dienstherren jederzeit angriffsbereit zu halten. Früher wurde der Bleistift mit einem scharfen Messer gespitzt, ehe der portable Anspitzer die Arbeit erleichterte. Dieser war handlich, aber noch nicht das Nonplusultra, denn erstens mußte man beim Spitzen umständlich den Bleistift drehen (was nicht nur mit feuchten Händen schwierig war), und zweitens machte man sich dabei die Finger schmutzig. Manchmal brach beim Anspitzen die Spitze wieder ab, was Wut- und damit neuerliche Schweißausbrüche zur Folge haben konnte. Auch der Fallbleistift mit seinem abschraubbaren Minispitzer brachte nicht den Durchbruch. Das für einen erfolgreichen Anspitzvorgang unverzichtbare Drehen ließ sich mit einer stationären

Spitzmaschine schneller und sauberer bewerkstelligen. Aus der Ferne konnte man diese mit einer Kaffeemühle verwechseln, obwohl sie kleiner und schlanker war und die Kurbel nicht oben, sondern hinten hatte. Der wesentlichere Unterschied ist nur schwer zu beschreiben.

Die Spitzmaschine hatte vorn ein Loch, in das man den stumpfen Bleistift schob, ferner eine ausziehbare Spannvorrichtung. Man kurbelte so lange, wie ein Widerstand zu spüren war, und zog hernach den Bleistift geschärft wieder heraus. Wo gespitzt wird, fallen auch Späne. Nach zehn bis zwanzig Spitzvorgängen mußte das Kästchen mit den buntgeränderten und zumeist Muster bildenden Holzspänen sowie pulverisierten Graphitresten geleert werden. Soweit die Theorie. Die Praxis sah anders aus.

Ich weiß nicht mehr, wer mir dieses Monster zum Geburtstag geschenkt hat. Das Biest hieß ASIS, war klein, rundlich und besaß ein locker sitzendes hellblaues Plasteschubfach. Ich habe die Spitzmaschine an meiner Schreibtischplatte angebracht, die den nicht ganz festen Mittelpunkt einer vielteiligen Leiter-Anbau-Möbel-Wand bildete, und dabei vermutlich die Zwingschraube überdreht. Kurz und gut: Die Spitzmaschine wackelte, und so mußte ich, wenn ich mit der einen Hand die Kurbel drehte, mit der anderen das Gehäuse festhalten, wobei die Tischplatte schlingerte und die Möbelwand wankte; und regelmäßig rutschte das Schubfach heraus, und ich hatte den Abfall auf dem Teppich.

Das war aber noch das geringere und nach einiger Übung beherrschbare Übel. Schlimmer war: Meine Spitzmaschine spitzte die Bleistifte nicht, sondern fraß sie – mit Stumpf und Stiel. Ich spannte den Stift ein und drehte langsam die Kurbel. Dabei konnte ich zusehen, wie der Stift kürzer und kürzer wurde und schließlich verschwand. Als säße ein kleiner Hase auf meinem Schreibtisch, der Möhren schnorpste. Weder Flehen noch Drohen half. Schnorps, schnorps, schnorps ... Nach jedem Spitzversuch war der Bleistift fort und das Kästchen voll. Soll ich diesen unverschämtesten aller Büroartikel wirklich auf meine Liste setzen?!

Heute kaufe ich meine Bleistifte lieber fertig gespitzt im Supermarkt. Ist einer abgeschrieben, lege ich ihn beiseite und greife zum nächsten. Das ist bestimmt nicht gut für die Umwelt, denn Bleistifte werden bekanntlich aus Bäumen geschnitzt. Ich wüßte gern, wie mein Zeitungsverleger das Problem gelöst hat. Seit Jahren bewundere ich seinen aufgeräumten, blitzblanken Schreibtisch, auf dem immer drei spitze Bleistifte griffbereit liegen. Die spitzesten, die ich je gesehen habe! Da mein Verleger nicht einmal die Sekretärin an seine

Stifte läßt, vermute ich, daß er heimlich eine Spitzmaschine benutzt. Wahrscheinlich klemmt sie kopfüber unter seiner Tischplatte.

Bleistiftspitzer, der: *mit einer Klinge versehenes Gerät zum Anspitzen von Bleistiften; die per Kurbel angetriebene Spitzmaschine hat weder im Ost- noch im West-Duden, noch im vereinigten Deutschen Universalwörterbuch einen Platz gefunden*

Katze in der Röhre

»Der Räuber ging in die Küche, ein Licht anzuzünden, und weil er die glühenden Augen der Katze für lebendige Kohlen ansah, hielt er ein Schwefelhölzchen daran, daß es Feuer fangen sollte. Aber die Katze verstand keinen Spaß, sprang ihm ins Gesicht, spie und kratzte ...« Schon wegen dieser Szene aus dem Märchen von den Bremer Stadtmusikanten gebührt dem Kohlenherd ein warmes Plätzchen auf meiner Liste.

In meiner Kindheit war der Küchenherd der Wärmequell der Familie. Er wurde frühmorgens angeheizt und glühte bis in die Nacht. Um die Mittagszeit bollerte er geschäftig unter den Töpfen. Er besaß vier Füße und zwei übereinander angeordnete Türchen; durch die eine wurden die Briketts nachgeschoben, aus der anderen wurde die Asche geholt. Mit dem Feuerhaken verschaffte mein Großvater dem Herd von Zeit zu Zeit Luft. Wenn die Glut kurz vorm Verlöschen war, hob er die eisernen Herdringe ab und legte von oben nach, bis die Flammen unter der Küchendecke tanzten.

Auf unserem Herd hatte alles seinen Platz. Links

37

stand, aus der Kochzone gerückt, der Malzkaffee-topf. Rechts führte eine Wanne tief in den Ofenbauch hinab – eine Art Ur-Boiler, man brauchte nur den Deckel zu heben und konnte jederzeit heißes Wasser schöpfen. An einem Brett an der Ölwand hingen die Schöpfkellen und Topflappen, und ganz unten im Kohlenkasten lagerte, sorgsam geschichtet, der Brennvorrat für mehrere Tage. Das Holz verströmte Waldgeruch, und auf dem Herd duftete es nach Kakao, Mehl-schwitze, Bratäpfeln oder Meerrettich, doch manchmal biß einem auch der Qualm in die Nase.

An die Backröhre, in der die zum Anfeuern benötigten Holzscheite trockneten, erinnere ich mich mit Grausen. Sie war, wie im Märchen, der Lieblingsplatz der Katze. Eines Tages war unsere Mutsch verschwunden. Wir suchten sie im ganzen Haus, durchkämmten Stall, Scheune und Garten. Ohne Erfolg. Erst am nächsten Morgen entdeckte Großvater beim Feueranmachen die Katze – sie lag zusammengerollt in der Röhre. Jemand hatte im Vorbeigehen versehentlich die Klappe zugeworfen; das arme Tier mauzte, fauchte und kratzte nicht mehr.

Kohlenherd, der: *Küchenherd, der mit Kohle beheizt wird*

Der Tag, an dem die Kohlen kamen

Am Tag, an dem die Kohlen kamen, schrieb mir meine Mutter einen Entschuldigungszettel, den ich anderntags dem Klassenlehrer übergab, der ihn schweigend zur Kenntnis nahm: »Sehr geehrter Herr L., wir bitten, das Fehlen unseres Sohnes zu entschuldigen. Er mußte gestern wegen einer Magenverstimmung das Bett hüten ...« Oder: »Infolge eines vereiterten Zahnes mußte unser Sohn sich dringend in Behandlung begeben ...« Als ich wieder einmal fehlte, hat sich der Lehrer auf dem Schulhof bei meinem Bruder nach meinem Befinden erkundigt. Ach, bekam er zur Antwort, dem geht's gut. Der sitzt zu Hause und wartet auf die Kohlen!

Kohlenkriegen war wichtiger als Staatsbürgerkunde und Mathematik. Meinem Vater steckten die eiskalten Nachkriegswinter noch in den Knochen, er wachte persönlich darüber, daß unser Kohlenberg im Keller nicht zu klein wurde. Lieber bestellte er eine Fuhre außer der Reihe. Manchmal warteten wir monatelang auf die Lieferung, und erst eine Beschwerde bei der Stadtverwaltung setzte die Kohlenfahrer in Marsch. Lustlos kippten sie eine Ladung Kohlendreck vor unserem Haus ab. Mein Vater beklagte sich nicht, immerhin hatten wir etwas zum Verheizen, und er gab die Hoffnung nie auf: Wenn wir Glück haben, bringen sie uns das nächste Mal eine Tonne Koks.

Steinkohle gab es nicht, und auch der aus Braunkohle erzeugte, hochwertigere Koks war nur schwer zu bekommen. Geliefert wurden meist Kohlebrocken oder Eierbriketts, die schon zu Staub zerfielen, wenn man sie

nur scharf ansah. Trotzdem war der Tag, an dem die Kohlen kamen, für mich ein Feiertag. Ich brauchte mich nicht in aller Herrgottsfrühe aufs Fahrrad zu schwingen, um in die Schule zu radeln, sondern blieb einfach im Bett. Wieder einschlafen durfte ich freilich nicht, denn ich mußte auf die Klingel achten. Man wußte nie, wann das Kohlenauto vorfahren würde, das konnte schon früh vor sieben der Fall sein oder erst abends nach sechs.

Schließ die Kellertür auf, damit die Männer die Briketts hineintragen und nicht wieder durchs Fenster schütten, mahnte meine Mutter. Und vergiß nicht, ihnen fünf Mark Trinkgeld zu geben! Es stimmt nicht, daß die DDR, der erste Arbeiter-und-Bauern-Staat auf deutschem Boden, allein von seinen Köchinnen und Sekretärinnen regiert wurde. Die Macht ging auch vom Kohlenmann aus.

Die Kohlenfahrer waren schwärzer als die Schornsteinfeger. Sie fuhren im Lastkraftwagen vor, klappten die Seitenwand herunter und schaufelten ihre Ladung in Huckekörbe oder wuchteten sie sich in zentnerschweren Säcken über die Schulter. Beim Ausschütten kam man ihnen besser nicht in die Quere. Häufig weigerten sie sich, die Kohlen die Kellertreppe hinunterzutragen. Für diesen Fall stand eine Flasche *Nordhäuser Doppelkorn* bereit. Verfehlte der Schnaps seine Wirkung, wurde ich selbst zum Kohlenmann; dann mußte ich im Keller auf den wachsenden Kohlenberg steigen und mit der Harke die Fensteröffnung freihalten.

Ich weiß, wie Kohlenstaub schmeckt, schließlich habe ich auch ein Dutzend Mal meinen Großeltern geholfen, eine Hängerladung Briketts mit der Schubkarre von der Gasse in den Stall einzufahren. Die Briketts kamen frisch gepreßt aus der Fabrik und waren manchmal noch warm. Sie hatten eine harte, glatte, glänzende Kruste, nur die Flachseiten waren stumpf und, wenn ich mich recht entsinne, mit Buchstaben versehen. Auf dem Dorf war es üblich, daß man die Kohlen selber in den Stall oder in den Keller trug. Mütter und Großmütter halfen mit Eimern. Im Stall wurden die Briketts dann wie Ziegelsteine gestapelt. Urgroßmutter, die einen eigenen Kohlenkeller besaß, duldete keinen Unterschied zwischen Koks und Brikett, sie sagte immer nur *Golle*. War die Golle unter Dach und Fach, spendierte die alte Frau einen Johannisbeerlikör, und Großvater sang »Schnaps ist gut für die Cholera ...«.

Brikett, das: *(frz. briquette, zu: brique = Ziegelstein) aus Braunkohle oder Steinkohlenstaub gepreßtes Formstück in länglicher od. Eiform*

Koks, der: *(engl.) durch Verschwelen von Stein- und Braunkohle gewonnener Brennstoff*

Bin nur ein Tintenkleckser auf Erden

Acht Uhr am Abend: Wie beginnt man einen Brief? Einen Liebesbrief? »Liebe, liebste, allerliebste, lieblichste ...«? Oder einfach: »Hallo Anna«? Ach Anna, eigentlich wollte ich Dich heute anrufen, doch ein Unwetter hat die Energieversorgung im Wohngebiet gekappt. Ein Blitzschlag mitten ins Trafohäuschen, das ist Schicksal. Ohne Strom streikt mein *Schnurloses*. Ohne Strom läßt sich mein PC nicht hochfahren. Ohne Saft regt sich überhaupt nichts mehr in diesem Bau. Tut mir leid, Anna, kein Ferngespräch, keine E-Mail, nicht mal ein Fax kann ich Dir senden ... Notgedrungen muß ich, was ich sagen wollte, nun mit der Hand niederschreiben, bei Kerzenschein zwischen kalter Mikrowelle und totem Telefon. Weißt Du, was das heißt: mit einem Stift Buchstaben formen auf weißem Papier? Weißes Papier! Als ich im Halbdunkel nach einem Briefbogen tastete, ihn bleich wie Schnee im Mondlicht schimmern sah, überfiel mich Deine Gestalt, Dein Andenken, o Anna! So heilig, so warm! Nach langem Suchen fand ich schließlich auch einen Füllfederhalter, guter Gott! der erste

44

glückliche Augenblick wieder. Aber wie weiter? Wie artikulieren …?

Nach neune: Wenn Du mich sähest, meine Beste, in dem Wust von Blättern, von Briefanfängen – wie ausgetrocknet meine Sinne! Nur Floskeln und Flausen im Kopf! Muß ich mich meiner Buchstabierung schämen? Ich pfeife auf alle E-Mail-Server, Callzentren und Faxanstalten. Wohl bin ich nur ein Schreiber, ein Tintenkleckser auf der Erde! Seid ihr denn mehr …?

Nach zehne: Wieder vollendet sich eine Zeile, mühsam füllt sich Blatt um Blatt … Was ist das, Liebste? Ich erschrecke vor mir selbst! Halte ich wirklich nur Papier und Stift in meinen Händen? Mir ist, Anna, als hielte

ich Dich in meinen Armen, fest an meinen Busen gedrückt, und meine Feder deckte Deinen liebelispelnden Mund mit unendlichen Küssen; mein Aug schwimmt in der Kerzendunkelheit in des Deinigen! Anna! Anna …!

Nach elfe: Alles ist still um mich her, so samtig meine Seele. Welch ein Glück, daß weder Fernseher noch Radio die Ruhe stören. Kein Funke kann der Klingel Schwall erwecken. Ich schreibe und schreibe … Manchmal halte ich inne, trete ans Fenster und sehe noch durch die stürmenden, vorüberfliehenden Wolken einzelne Sterne des ewigen Himmels. O Anna, was erinnert mich nicht an Dich …!

Nach zwölfe: Inge ist gekommen und verlangt ihr Abendbrot. Ihr Fell ist ganz sturmzerzaust. Doch wo steht der Trockenfuttersack? Meine Katze mag sich im Halbdunkeln besser zurechtfinden als ich, doch tintenklecksen kann sie nicht. Sie ist kein Kater Murr. Sie murrt nur. Doch was tu ich? Ich leg den Stift beiseiten, falte und siegle das Papier. Aus Furcht – bist Du, Anna, womöglich allergisch?! Kein Wort mehr, kein einziges Katzenhaar! Der Havariedienst fuhr soeben am Haus vorüber in Richtung Trafostation, er wird den Schaden bald beheben. Ich aber werde die Postille zum Postamt tragen. Ade, Anna, Anna, ich mag nicht weiter radotieren …

Post scriptum: Bitte verzeih, wenn nicht alle Worte und Wendungen, die ich mit meinem Herzblut vor Dich hin tröpfelte, in meinem Kopf gediehen. In der Verzweiflung warf ich den Rettungsanker wider meine Hausbibliothek, nahm ein Büchlein des großen Dichters G. zu Hülfe und kupferte ein wenig bei ihm ab ... Lebe wohl! Und meinst Du nicht auch, daß man den Brief, dieses letzte Mysterium des kleinen privaten Wortverkehrs, mit auf die Liste der vernachlässigten Umgangsformen setzen sollte? Erst recht den Liebesbrief. Allen Segen des Himmels über Dich! Der Strom kehrt zurück. Es wird Licht, der Computer summt, das Telefon schrillt ...

Brief, der: *schriftliche, in einem (verschlossenen) Umschlag übersandte Mitteilung*

Liebesbrief, der: *zärtlicher Brief zwischen Verliebten*

Kunst für Könner und Dilettanten

Pfui! werden Sie ausrufen. Das stille, einsame Örtchen auf der Roten Liste? Welch ein Affront gegen den guten Geschmack! Was für eine undelikate Angelegenheit! Wer möchte schon ein Plumpsklo, ein Trockenklosett oder einen Donnerbalken in guter Erinnerung behalten?

Aber nun kriegen Sie mal nicht gleich Verstopfung. Ich werde Ihnen mit Scholochow antworten: »Ein menschliches Bedürfnis, wie stolz das klingt!« Oder mit Goethe, der immer ein Herz für Gartenhäuschen hatte. Unser mit Witz und Verve beschlagener Klassiker soll einmal folgenden Spruch an die Bretterwand eines Lokus gekritzelt haben: »Selbst in dieser edlen Kunst / Gibt es Könner und Dilettanten, / Die einen treffen mitten 'nein, / Die andern nur die Kanten.« Jedenfalls schrieb mein Großvater, der Erbauer von zwei privaten Toilettenhäuschen (Abort genannt), diese Weisheit dem Geheimen Rat von der Ilm zu. In der Goethe-Gesamtausgabe sucht man den Vers vergebens, und auch im Goethe-Lexikon findet er keine Erwähnung. Zwischen Klinger und Klopstock fehlt das Stichwort »Klo«. Auch zwischen Plotin und Plutarch plumpst nichts. Und rein alphabetisch betrachtet, gehörte die klassische Lokus-Lyrik zwischen die Logengedichte und den Lorbeer. Kein Örtchen. Nirgends. Vielleicht ist sich die Goethe-Forschung nur zu fein fürs Elementare.

Nach Goethe hat vor allem der Dichter Johannes Bobrowski das Plumpsklosett literaturfähig gemacht. So schreibt er in seinem Roman »Levins Mühle«: »Ach laßt ihr mich doch in Frieden, ihr Arschlöcher, sagt mein Großvater, greift sich ein Stück Papier und geht aufs Scheißhaus. Das letzte Mal für heute. Es ist auch schon dunkel.«

Ulrich Plenzdorf hat in seinem Drama »Die neuen Leiden des jungen W.« an Goethe und Bobrowski angeknüpft. »Wenn ich mich verflüssigen mußte, mußte ich auch ein Ei legen. Da half nichts. Und kein Papier, Leute«, stöhnt Edgar Wibeau. Weil er nichts anderes findet, greift der jugendliche Aussteiger in seiner Not nach einem Reclamheft – Goethes »Leiden des jungen Werthers«.

Vielleicht darf auch ich an dieser Stelle ein kleines Kapitel zur deutschen Lokuspoesie beisteuern: Es war ein langer Weg zum Plumpsklo meiner Großeltern. Ich ging, wenn ich nachts mal mußte, in die Natur hinaus. Schloß die Haustür auf, kroch in die Holzpantoffeln, schützelte das Scheunentor auf, schlappte über die

Tenne, wo die Karnickel in ihren Buchten mümmelten, hakte die Hintertür auf, folgte einem Plattenweg und stand endlich vor dem kleinen Latrinum. Eine solide Eigenleistung, festgefügt und ein wenig geduckt, von zwei Sauerkirschbäumen flankiert. Die Kirschen gediehen üppig, sie hatten den besten Dung. Bis hierher war eine Taschenlampe unentbehrlich. Saß ich erst auf dem Brett mit dem ausgesägten Loch, konnte ich sie getrost ausknipsen. Ich ließ einfach die Tür offen. Der Mond schaute herein, und über dem Schuppendach glänzte der ausgestirnte Himmel.

Solche Lokusnächte konnten mild und sommerlich warm, aber auch feucht, windig und im Winter ziemlich frostig sein. Manchmal spürte ich einen eisigen Zug am Hintern und sprang rasch wieder ab. Dann wiederum zirpten die Grillen, schwebten Glühwürmchen vorbei, und ich saß und saß und geriet ins Träumen. Nur einschlafen wie der alte Johann in Bobrowskis Roman durfte ich nicht: »Nun könnte er eigentlich aufstehen, aber er bleibt noch sitzen. Jetzt hört er, denke ich, sogar die Nachtigallen. Jedenfalls schließt er die Augen und lehnt sich langsam zurück. Welcher Frieden!« In der Romanverfilmung von Horst Seemann kippt der Großvater alias Erwin Geschonneck im Schlaf zur Seite und erwacht mit einem Arm in der Jauchengrube. Es war ein Doppelsitzer.

Plumpsklosett, das: *über einer Grube angelegter Abort (ohne Wasserspülung)*

Abort, der: *wohl aus dem Niederd., eigtl. abgelegener Ort: Toilette*

.

Anfang der Eiszeit

Immer wenn ich meine Kühlschranktür öffne, stoße ich im Gemüsefach auf eine Wasserpfütze. Ich weiß nicht, woher sie rührt, vielleicht von einem Defekt im vollautomatischen Abtausystem. Natürlich wäre das leicht zu beheben, aber das überflüssige Kondenswasser stört mich nicht. Im Gegenteil, die Pfütze, die sich leicht aufwischen läßt, erinnert mich an unsere alte Speisekammer.

Speisekammern finden sich noch heute in fast jeder Altbauwohnung, wo sie zumeist zweckentfremdet genutzt werden. In der Regel dienen sie den Mietern als Flaschendepot und Konservenlager, auch als Abstellplatz für den Staubsauger und Mülleimer oder als Standort für die Waschmaschine. Ich habe auch schon Bücherregale, Duschen, Toiletten und eine Sauna in der Speisekammer entdeckt. Gewöhnlich ist die Kammer mit einer abschließbaren Tür versehen und so geräumig, daß ein überraschter Liebhaber tagelang darin überleben kann. Freilich könnte sie für ihn auch leicht zur Falle werden, denn sie verfügt – wenn überhaupt –

nur über ein einziges, winziges Fenster, das zudem von feiner Gaze verschlossen ist. Als Eis- oder Kühlschrank dient die Speisekammer wohl nicht mehr.

Anfang der sechziger Jahre wurden Speisen und Getränke noch im Winter auf dem Fenstersims und im Sommer in einem Wassereimer kühl gehalten. An besonders heißen Tagen, wenn unser Chow-Chow hechelnd die Zunge heraushängen ließ, beobachtete ich vom Fenster aus, wie der Eismann mit seinem Handwagen in unsere Straße einbog. In einer offenen Kiste dampften glatte weiße Eisblöcke. Auch der Eismann schwitzte; vermutlich kam er vom Nordpol, wo er die Blöcke abgespalten hatte, und wollte seine Fracht rasch unter die Leute bringen. Er zog mit der rechten Hand und schwang in der linken ein Glöckchen. Augenblicklich liefen aus allen Richtungen Menschen herbei und kauften mit dem Meißel abgetrennte Stücken von der Polarfracht.

Ich weiß nicht, was die Portion Wassereis kostete, sicher nur ein paar Pfennige. Meine Mutter zögerte lange, ehe sie einen Eisblock mit nach oben brachte, vielleicht, weil er so stark tropfte. Berührungsängste kannte sie nicht. Meine Mutter war von jeher Neuerungen zugetan; ihr verdanke ich manche Begegnung mit revolutionärer Haushaltstechnik – von der mechanischen Teppichkehrmaschine bis zum Tischstaubsauger und von der elektrischen Zahnbürste bis zum Popcornautomaten.

Zum Eis hatte sie eine besondere Affinität, da ihr Vater eine Zeitlang in Bitterfeld eine Eisdiele unterhalten und das Speiseeis eigenhändig zubereitet hatte. Meine Mutter schleppte also den Eisblock im Wassereimer die Treppe herauf bis in die Küche und verstaute ihn im Gefrierfach unserer Speisekammer. Der Kühleffekt wurde bald an den Lebensmitteln sichtbar. An jenem Tag schmolz die Butter nicht, sondern gefror zu einem harten, nicht mehr streichfähigen Klumpen. Die Milch wurde erst ein paar Stunden später sauer, und die Limonadenflasche faßte sich angenehm kühl an, ihr Hals war von der Kälte beschlagen. Kein Zweifel, der Eisklotz hatte die Kammer in einen Vorläufer des Gefrierschranks verwandelt, und die Vorzüge werden mir heute erst richtig bewußt: Unsere Speise-Eis-Kammer brummte nicht, verbrauchte keinen Strom und arbeitete absolut FCKW-frei. Leider ließ die Kühlung mit der Zeit merklich nach. Der Eisblock schmolz dahin, wurde kleiner und kleiner und löste sich zu einer Pfütze auf. Meine Mutter war dauernd mit dem Scheuerlappen zugange.

Speisekammer, die: *Kammer zum Aufbewahren von Lebensmitteln*

Eisschrank, der: *Behältnis, in dem Wassereis als Kältequelle diente*

56

Wenn man zog, zischte Luft hinein

Das Einmachglas ist ein Relikt aus den Zeiten der Vorratswirtschaft, als frisches Obst zumeist Mangelware und die Feinfrosttechnik noch nicht verbreitet war. Wahrscheinlich wurde im Osten mehr eingemacht als im Westen, weil einem hier die Bananen und Datteln nicht in den Mund flogen. Im Winter bekam man nur Äpfel und Kuba-Orangen zu kaufen.

Eingemacht – nicht etwa eingeweckt oder eingekocht – wurde bei uns so ziemlich alles, was im Garten an Bäumen, Sträuchern und am Boden wuchs. Meine Großeltern jäteten und ernteten und führten das Einmachgut eimer- und körbeweise meiner Urgroßmutter zu, die es mit dem Messer zerkleinerte. Bei schönem Wetter saß sie im Schatten der Scheune und schabte Möhren, Sellerie und Rote Beete, schälte Gurken, schnippelte Bohnen und schnitt Äpfel und Birnen aus, knaupelte Johannisbeeren ab und säuberte Kirschen, Erd- und Stachelbeeren. Eingemacht wurde auf dem Herd im großen Einmachtopf, in dem jeweils eine Batterie Gläser (ein halbes Dutzend) Platz fand. Ich sehe noch, wie Großmutter, ehe sie die Glasdeckel schloß und die Klemmen anlegte, ein Häufchen Zucker über die Früchte schüttete, der wie Schnee auf dem Obstberg lag. Eingemachtes sollte nicht nur saftig, sondern vor allem süß schmecken, meistens schmeckte es süß-säuerlich-matschig. Gurken, Bohnen und Rote Beete hingegen wurden in einer herzhaften Essig-Gewürzmischung gebrüht, nach der das Waschhaus noch Tage später roch.

Hatte ich Appetit auf Eingemachtes, mußte ich mit der Taschenlampe in den Kartoffelkeller, wo auf einem Holzrost die Vorräte – halbwegs nach Größe und Inhalt geordnet – vor sich hin staubten. Da die Gläser nicht beschriftet wurden, war nur an der Stärke der Staubschicht zu erahnen, wie lange sie schon da standen. Schimmel auf den Früchten war ein Indiz dafür, daß entweder das Glas undicht oder sein Inhalt steinobstalt war.

Hatte ich mich endlich für ein Glas – zum Beispiel Senfgurken oder Stachelbeeren – entschieden, fingen die Probleme erst an. Das Schwierigste in der Einmachgesellschaft war nämlich nicht das Einmachen, sondern das Öffnen der Einmachgläser. Es gab solche, die Einmachgummis mit überstehendem Zupfende hatten. Zog man kräftig daran, zischte Luft hinein, und der Deckel ließ sich abheben. Manchmal zischte es nicht, und man hielt das abgerissene, altersschwache Stück Gummi zwischen Daumen und Zeigefinger. Da half dann – wie bei

Gummis ohne Zupfende – nur noch der mechanische Einmachglasöffner, eine handtellergroße Zieh-Klemm-und-Schraubvorrichtung mit Holzgriff und Stahlfeder, ungefähr zehnmal so kompliziert wie ein Büchsenöffner. Wie bitte? Sie wissen auch nicht, wie ein Büchsenöffner funktioniert?

Beginnen wir mit dem Büchsenöffnen. Nehmen Sie eine Fischbüchse – sagen wir: Makrele in Tomatentunke –, setzen Sie den Öffner mit der Schneide am Dosenrand an und hauen Sie mit der Faust drauf, bis er eindringt und die Soße spritzt. Jetzt hebeln Sie, aber vorsichtig und mit Gefühl, und drehen dabei langsam die klebrige Büchse. Sie werden staunen, wie das flutscht,

und falls das Blech nicht zu weich ist, kommen Sie ohne Zwischenfälle herum. Doch meistens ist es zu weich oder der Öffner zu stumpf, und Sie rutschen ab oder schieben das Blech zusammen. Jeder Versuch, die Finger zu Hilfe zu nehmen, kann zu Verletzungen führen und Blutverlust zur Folge haben, und im ärgerlichsten aller Fälle wissen Sie am Ende nicht, ob der Fisch in Tomatentunke oder in Hämoglobin schwimmt.

Im Unterschied zum simplen, rustikalen Büchsenöffner hat der Einmachglasöffner eine elegante leichtmetallene Federschlinge, die man herauszieht und gefühlvoll um den Glashals legt. Um den zupflaschenlosen Gummi ein wenig anzuheben, so daß Luft hineinströmen kann, muß nun die Halsschraube fest angezogen werden. Zischt es, ist die Operation gelungen. Knirscht es, war es der Glashals. Trotz solcher kleinen Schwierigkeiten wird heute immer noch gern eingemacht, selbst dann, wenn es aufgrund der verbesserten Versorgungslage gar nicht mehr nötig erscheint. Vielleicht liegt das am Kreislauf unserer Gärtnernatur: Was man bestellt, muß man ernten. Was man erntet, muß man verarbeiten. Was man verarbeitet, muß man auch essen. Der Mensch muß immer etwas, also macht er und macht ein.

Einmachglas, das: *(zylindrisches) Glasgefäß mit (Glas)deckel, das (mit einem Einmachring) luftdicht verschlossen wird*

Handys hoch!

Was ist das, werden mich eines Tages die Enkel beim Spaziergang durch meine Provinzstadt fragen, für ein ulkiger Glaskasten da an der Ecke? – Das war mal eine Telefonzelle, werde ich erwidern, und meine Enkel werden sich wundern: Wieso hat man die Telefone darin eingesperrt?

Soll ich ihnen von vorsintflutlichen Apparaten erzählen, die fest stationiert, mit Gabeln und schnarrenden Wählscheiben ausgerüstet waren und doch nur Ortsgespräche gestatteten? Es sei denn, man wählte ein Amt und ließ sich vermitteln. Ich sehe mich auf der Hauptpost erst in der Schlange stehen, dann eine Verbindung anmelden und warten, bis meine Nummer aufgerufen wird. Ich betrete die mir zugewiesene Holzkabine. Bitte sprechen Sie, höre ich die gereizte Stimme der Telefonistin. Und ich rede, rede schnell und wie gehetzt, weil ich weiß, daß ein Dutzend Leute nur darauf wartet, nach mir an die Reihe zu kommen. Nachdem ich aufgehängt habe, stelle ich mich an die Spitze der Schlange und wende mich demütig wieder an die

Telefonistin, die mir die Gesprächsdauer mitteilt und die entsprechende Gebühr kassiert.

In den achtziger Jahren durfte ich ein eigenes Telefon anmelden, das man in der DDR aber nicht bekam, es sei denn man war Arzt, Bürgermeister, Parteifunktionär, Offizier oder *Verdienter Künstler des Volkes*. Als Normalbürger hatte ich die Wahl, im Notfall entweder bei einem privilegierten Nachbarn zu klingeln oder auf der Suche nach einem Münzfernsprecher durch die Straßen des Wohnbezirks zu irren. Wenn ich Pech hatte, war gerade wieder der Hörer abgerissen worden. Hatte ich Glück, klemmte nur eine Münze im Schlitz. Nach der Wende wurden die Apparate in Ordnung gebracht, und es kamen bunt bedruckte Telefonkarten in Umlauf, die man wie Briefmarken tauschen konnte. Unter dem Motto »Schöner unsere Kabinen und Fernsprecher« wurden manche Telefonzellen weiß-rosa gespritzt und viele Münz- zu Kartentelefonen umgemodelt, so daß ich im Ernstfall ohne Karte wieder nicht zum Zuge kam.

Über Nacht brach die Mobilfunkrevolution aus, ich glaube, sie wurde aus Finnland importiert. Als wir 1994 aufs Land zogen, war die Telekom nicht in der Lage, eine neue Festleitung in unser Dorf zu legen. Wir mußten warten und zwei Jahre mit einem Funktelefon vorliebnehmen. Die Basisstation hatte die Größe einer

Autobatterie und brachte mehrere Kilo auf die Waage, das Mobilteil maß mit ausgezogener Teleskopantenne fast dreißig Zentimeter. Innerhalb kürzester Zeit speckten die Mobiltelefone bis auf Handtellergröße ab. Der Prozeß scheint noch im Gange zu sein, dabei sind die Handys heute schon so klein und leicht, daß sie dauernd verschwinden. Doch sie schrumpfen weiter. Was stelle ich mit einem *Fingy* an, einem Telefon von Daumen- oder Fingernagelgröße? Soll ich es am Ringfinger oder am Ohrläppchen tragen? Erst wenn eines Tages ein Kleinkind sein Telefon verschluckt, wird man wohl beginnen, über den Sinn und die Gefahren der *Minimalisierung* nachzudenken, Rückrufaktionen auslösen und die Geräte mit elektronischen Schlucksperren nachrüsten.

Trotzdem ist das Handy aus meinem Leben nicht mehr wegzudenken. Ich kann es überall mit mir herumtragen und somit die Friseuse, den Gemüsehändler, die Mitpatienten im Wartezimmer des Arztes oder die Zugnachbarn an meinen Privatgesprächen teilhaben lassen. Jederzeit bin ich für jedermann erreichbar – ganz gleich, ob auf der Autobahn, im Theater, während der Pressekonferenz oder in der Kneipe. Und als Angerufener kann ich mir bereits durch die Wahl besonderer Klingelmelodien die Aufmerksamkeit meiner Zuhörer sichern. Lehrer fordern vor jeder Klassenarbeit: Handys aus! Handys auf den Tisch! – auch um auszuschließen, daß sich die Schüler gegenseitig die Ergebnisse aufs Display spicken.

Natürlich habe ich wie jeder Handybesitzer ein Mindestangebot an Telespielen auf meiner Karte, so daß ich, selbst wenn ich nicht telefoniere, beschäftigt bin. Manchmal rufe ich auch die Börsendaten, den Wetterbericht sowie die neuesten Stau- und Wasserstandsmeldungen ab oder versende Kurznachrichten, Herzchen und Lieblingsmelodien. Meist bekomme ich schon nach wenigen Minuten andere Kurznachrichten, Herzchen und Lieblingsmelodien zurück. Mit einem Münzfernsprecher kann ich nichts weiter als telefonieren. Und die Telefonzelle ist schon deshalb zum Aussterben verurteilt, weil sie sich nur schwer von der Stelle bewegen läßt. Vielfach wurde sie bereits durch eine beleuchtete Telekomsäule ersetzt. Die taugt nicht mal zum Telefonsex.

Telefonzelle, die: *Kabine, in der ein Telefon installiert ist*

La Paloma ade

Zu den sonderbarsten Freizeitaktivitäten meines Vaters gehörte das Skatspiel. Ich sage sonderbar, weil er nicht selber spielte, sondern mit Vergnügen anderen beim Skaten zuschaute. Das Altherrentrio saß bei schönem Wetter an einem Steintisch im Stadtpark. Die Männer spielten um den ganzen Pfennig, und es ging manchmal recht laut zu. Ich erinnere mich an Aussprüche, die meinen Kinderwortschatz bereicherten: »Hosen runter!«, »Hineingewichst und nicht gezittert!«, »Rot ist die Liebe!« und »Geteilt ist der Arsch!«. Mein Vater war damals wissenschaftlicher Assistent am Institut für Geschichte, wahrscheinlich hatte er den Auftrag, den Alltag des deutschen Volkes zu studieren. Ich war drei, vier Jahre alt und jeden Sonntag mit von der Partie, was darauf schließen läßt, daß noch ein Nebenauftrag meiner Mutter eine Rolle spielte: Sie hatte uns den Spaziergang verordnet, damit sie ungestört das Mittagessen kochen konnte.

Am Wochenende war mein Vater mit mir unterwegs, und in der Woche hatte meine Mutter mich auf dem Hals. Sie entwickelte ihre eigene Methode, mich zu beschäftigen: Wenn mein Vater in der Uni war und sie in der Stadt etwas erledigen wollte, gab sie mich im Zeit-kino ab. So nannte sich ein altes Filmtheater in der Fußgängerzone, in dem tagelang rund um die Uhr ein und dasselbe Programm lief. Vom DEFA-*Augenzeugen* über Dokumentarstreifen und Werbespots bis zu Spiel-filmen wurde allerlei geboten. Meine Mutter löste für mich eine Eintrittskarte, begleitete mich zu meinem Platz und verlangte, daß ich mich in ihrer Abwesenheit nicht von der Stelle rührte. Wie auch! Ich saß wie ge-bannt. Zeitkino war viel spannender als Null ouvert und Grand Hand ohne Viere. Im Kinosaal war es an-heimelnd dunkel, und ich bekam nicht nur Sprüche,

sondern auch Bilder geboten. Freilich in Schwarzweiß und nur häppchenweise, da ich meist schon nach einer halben oder dreiviertel Stunde wieder abgeholt wurde. Auch die anderen Zuschauer kamen und gingen; im Zeitkino, das es auch auf Bahnhöfen gegeben hat, schaute man sich eben mal in der Mittagspause, nach der Frühschicht, vor der Abfahrt des Zuges oder einfach um sich die Zeit zu vertreiben ein Stück Film an. Die Kinotüren standen immer offen, pausenlos klappten die Sitze und wurden die Vorhänge bewegt.

Am stärksten hat mich damals ein Zeichentrickfilm beeindruckt, in dem eine weiße Taube von Kontinent zu Kontinent flog. Es war die Zeit der aufstrebenden Weltfriedensbewegung. Wo sie landete, nahm man die Taube in die Hand und streichelte ihr Gefieder. Manchenorts wurde noch geschossen. Ein Maschinengewehr ratterte, der Schütze fiel, und die Taube schwang sich furchtlos in die Lüfte. Perry Friedmans Stimme begleitete sie mit rauhem Akzent: »Kleine weiße Friedenstaube, fliege übers Land! / Allen Menschen, groß' und kleinen, bist du wohlbekannt ...«

Auch ich lernte sie immer besser kennen. Sie flog am nächsten Vormittag, als meine Mutter bei der Friseuse saß, und am übernächsten Nachmittag, als sie sich ein Paar Stöckelschuhe kaufte. Die Taube flatterte über der Textilreinigung und über dem Postamt, über der kommunalen Wohnungsverwaltung und der Handwerksgenossenschaft. »Fliege übers große Wasser, über Berg und Tal«, sang Perry Friedman, »bringe allen Menschen Frieden! Grüß sie tausend Mal.« Ich grüßte die Taube fast jeden Tag, und nachts träumte ich von ihr.

Einmal vergaß meine Mutter, mich abzuholen. Sie hatte erfolgreich im Warenhaus nach Feinstrumpfhosen angestanden und sich anschließend ein Kännchen Kaffee gegönnt. Als sie in die Straßenbahn einsteigen wollte, fiel ihr ein, daß ich noch im Zeitkino saß. Dort war die Friedenstaube dreimal an mir vorbeigezogen.

Eines Tages saß ich auf meinem Klappsitz, verfolgte den *Augenzeugen*, bekam Pneumant-Fahrradreifen, Plastoletten und Birkenhaarwasser angepriesen, sah einen Ausschnitt aus dem DEFA-Film »Rotkäppchen und der Wolf« und wartete. Wieder rollte der Augenzeuge, folgten Pneumant-, Schuh- und Haarwasser-Werbung. Wieder verschlang der Wolf gierig die Großmutter und anschließend das Rotkäppchen. Perry Friedman sang nicht mehr, und meine Taube flog nicht mehr. Ich rutschte heulend vom Sitz und schrie nach meiner Mutter.

Zeitkino, das: *dem Duden unbekannte Form von Kurzfilmprogrammen, die in speziellen Kinos rund um die Uhr wiederholt werden; das Prinzip wird heute nur noch in einigen Pornokinos gepflegt*

69

Die Diktatur der Busfahrer

Ich weiß nicht, wer das Wartehäuschen erfunden hat, ich weiß nur, daß eines an der Bushaltestelle in M. steht, errichtet vor über fünfzig Jahren von den Dorfbewohnern in NAW-Feierabendschichten – wahrlich ein *Nationales Aufbauwerk*! Das Wartehäuschen läßt sich nicht mit so einem windschiefen, durchsichtigen Plexiglasgestell vergleichen, wie es heute an jedem Haltepunkt in der Landschaft aufgeschlagen und mit schwarzen Papiervögeln beklebt wird, damit sich die richtigen Vögel an den Scheiben nicht den Hals brechen. Unser Wartehäuschen ist ein kleines, fest gemauertes Domizil mit Dach, Tür, Fenstern und Fahrplan. Es hatte einmal Bänke, auf die sich niemand setzte, und in der Mitte befand sich der Ofen, um den im Winter die Wartenden standen. Der Ofen wurde an kalten Werktagen schon in der Nacht vom Gemeindehelfer angeheizt. Man stand wartend beisammen, einige schwatzten, andere dösten oder starrten mißgelaunt vor sich hin.

Einer mußte immer draußen warten, bei Wind und

Wetter, auf zumeist ungemütlichem Vorposten unter dem runden gelben Blechschild mit dem grünen H in der Mitte. Er hatte rechtzeitig das Nahen der Busse zu melden. Stand niemand draußen, fuhren die Busse durch. Sie fuhren selten nach Plan. Meistens kamen sie später, was ärgerlich war, mitunter auch früher, worauf man vorbereitet sein mußte, und manchmal fielen sie auch aus. Schon als Kind begriff ich, weshalb mein Großvater, wenn wir mit dem Bus nach Bitterfeld wollten, mindestens zwanzig Minuten vor der Abfahrtszeit zur Haltestelle aufbrach, obwohl es vom Hoftor bis zum Wartehäuschen nicht einmal zwei Minuten Weg waren. Großvater traute den Busfahrern nicht. Hält er oder hält er nicht? Die Frage wurde jeden Tag rund um die Uhr neu entschieden.

Der Bus kommt! Die Wartenden stürzen hinaus. Der Bus hält, der erste reißt die Tür auf: Nach Bitterfeld? Der Fahrer schüttelt mürrisch den Kopf. Türe wieder zu. Zurück ins Wartehäuschen. Der Bus braust davon.

Der Bus kommt! Alle wieder raus. Diesmal ist es der Bus nach Bitterfeld, doch er ist brechend voll und hält nicht, er rauscht durch.

Der nächste ist nur halb voll, doch der Fahrer hat schlechte Laune und fährt ebenfalls durch.

Der übernächste ist der Werkbus aus Bad Düben. Der Busfahrer hält zwanzig Meter vor dem Wartehäuschen und nimmt nur die Arbeiter für das Bitterfelder Chemiekombinat mit. Der Rest wartet und steht sich die Beine in den Bauch. So geht das eine geraume Weile: Rein ins Häuschen, raus aus dem Häuschen ... Bis der Omnibus mit Fernziel Halle kommt, langsamer wird und exakt auf Höhe des Wartehäuschens anhält. Der Fahrer ist gut gelaunt, er flirtet mit einer jungen Blondine, und er ist auch sofort bereit, die Bitterfelder mitzunehmen. Doch leider könne er nicht am Bitterfelder Bahnhof halten, nein, wer zum Zug müsse, sollte lieber wieder aussteigen und auf den nächsten Bus warten, der folge in fünf bis zehn Minuten.

Der Hallenser Bus entschwindet, und das Häufchen Bahnreisender verkriecht sich im Wartehäuschen, wo das Feuer im Ofen heruntergebrannt ist. Dafür ist die Sonne inzwischen aufgegangen und schielt durch die ungeputzten Scheiben. Sie wärmt das Herz, und wenn der nächste Bus pünktlich kommt, ist wohl auch der Zug noch zu schaffen, vielleicht hat ja die Bahn heute ein bißchen Verspätung. Doch der versprochene Bus kommt nicht. Er steht im Fahrplan, umgeben von merkwürdigen, schwer deutbaren Sonderzeichen, einem Kreuz und einem Oval. Das Kreuz erinnert an ein Grab, das Oval ähnelt einem Ei – vielleicht fährt dieser Bus, falls es ihn überhaupt noch gibt, nur zu Ostern ... Wer steht eigentlich draußen? Die Frage durchzuckt die

Ausharrenden wie ein Blitz, während am Wartehäuschen der Bus vorüberdonnert.

Wartehäuschen, das: *zumeist aus Ziegelsteinen gemauertes kleines Gebäude, das Reisende, die auf den Bus od. die Bahn warten, vor Wind u. Wetter schützt*

Der Krieg mit den Rasenmähern

Und immer wieder wächst das Gras. Jeder Parkpfleger, Kleingärtner und Eigenheimbauer mit mehr als vier Quadratmetern Grünfläche weiß ein Lied davon zu singen. »Ich hört' ein Sichlein rauschen, / es rauschte durch das Korn ...« Das ist reine Nostalgie, denn mit Sichel und Sense läßt sich nun mal kein Rasen stutzen, weder englischer noch deutscher, jedenfalls nicht so kurz, gleichmäßig und glatt, wie es dem Einheitsgebot entspricht. Gestutzt werden aber muß. Die Wiese mit ihren wuchernden Gräsern und sich ausbreitenden Butter- und Gänseblümchen hat sich zum Feind der Zivilisation gemausert – man denke nur an die Heupferd- und Heuschnupfgefahr! Nach und nach wird das Gräsermeer durch planvoll angesäten Zierrasen abgelöst.

Der Zierrasen ist die Fortsetzung des Wohnzimmerteppichs mit natürlichen Mitteln. Er ist gleichmäßig grün, überschaubar und pflegeleicht. Spinnen, Käfer und Blütenpollen lassen sich bequem mit dem Staubsauger entfernen, Maulwurfshügel mit Handfeger und Kehrblech. Einziger Makel: So ein Rasen muß den

Sommer über feucht gehalten, zuweilen gedüngt und von Mai bis September wöchentlich gemäht werden. Wöchentlich! Vater, komm, wirf den Rasenmäher an!

Karel Čapek, der Verfasser des weltbekannten Romans »Der Krieg mit den Molchen«, hat sich darüber lustig gemacht. Čapek war ein Naturfreund und leidenschaftlicher Gartenarbeiter. »Ein erfahrener Gärtner«, stellte er ironisch fest, »kauft eine Mähmaschine; das ist ein Etwas, das sich auf Rädern fortbewegt und wie ein Maschinengewehr rattert; fährt man damit über den Rasen, fliegen die Halme nur so; ich kann euch versichern, es ist die reinste Freude.«

Der Schriftsteller starb 1938, er mußte die elektrifizierte Mähmaschine nicht mehr erleben. Nie werde ich mich mit diesem schnell rotierenden Hackmesser samt Gehäuse, Griff, Motor und vier Rädern anfreunden! Der Rasenmäher, ob mit Strom- oder Benzinantrieb, duldet keine Lieder. Er hat den pfeifenden Schnitt der Sense in ohrenbetäubenden Lärm verwandelt. Er brummt, brüllt und dröhnt, daß im Umkreis von einem halben Kilometer die Vögel taub von den Bäumen fallen.

Die Sense verrostet in der Scheune, während die Rasenmäher von Jahr zu Jahr an Pferdestärken zulegen. Sie verfolgen und umzingeln mich. Wenn ich die Dorfstraße entlangkomme, blecken sie hinter den Gartenzäunen ihre Messer. Um mich zu ärgern, sprechen sie

76

sich untereinander ab und mähen gestaffelt. Sobald einer fertig ist, wirft der nächste seinen Motor an. Dann der übernächste und so weiter. An den Wochenenden wetteifert die ganze Mannschaft. Da selbst der Versuch, die Mähmaschine durch eine Schafherde zu ersetzen, gescheitert ist – die Schafe fraßen nicht den Rasen, sondern meine Rosen ab –, wird eines Tages in mir der Bombenleger erwachen und die Armada in die Luft sprengen. Wicken und Disteln dürften endlich wieder blühen, der Klee könnte aufatmen, und die Grashüpfer würden es mir danken. Aus allen Gärten hörte man dann ein fröhliches Dengeln und Rauschen. Auch ich würde meines Schwiegervaters Sense wetzen, ihren Schaft schwingen und ihr Blatt durchs Gras ziehen, Schnitt um Schnitt, gleich früh am Morgen, wenn noch der Tau auf den Halmen liegt. Vielleicht würden wir sogar gemeinsam zu singen anfangen: »Ich hör' ein Sichlein rauschen ...« Und sollte eines Abends der Gevatter Tod an meine Pforte klopfen, mit einem Benzinrasenmäher an der Knochenhand, dann sens' ich ihn um!

Sense, die: (eigtl. = die Schneidende) Gerät zum Mähen, dessen langes, bogenförmig gekrümmtes, am freien Ende allmählich spitz zulaufendes Blatt rechtwinklig am langen Stiel befestigt ist

Zwischen Himmel und Erde

»Wir stellen uns den Aktenboten Theo Wuttke in einem nach vorne offenen Aufzug vor, der in zwei Fahrtrichtungen aus einer Vielzahl von Kabinen gereiht ist und unablässig, das heißt über die Wendepunkte im Keller- und Dachgeschoß hinweg, auf und ab fährt, ohne Halt, leicht klappernd, nicht ohne verhaltenes Gestöhne und Seufzen, aber doch zuverlässig, sagen wir ruhig ›gebetsmühlenhaft‹; weshalb man diesen altmodischen – trotz aller wohlmeinenden Proteste – fast überall ausgemusterten Personenaufzug ›Paternoster‹ genannt hat.«

Gibt es etwas Aufregenderes in Günter Grass' Roman »Ein weites Feld« als die Paternoster-Episoden? Damit das in einer Endlosschleife verkehrende Transportmittel niemals stehenbleibt, trage ich Wuttke, Theo als Liftbeamten auf Lebenszeit in meine Rote Liste ein.

Der Personenumlaufaufzug, so der vollständige Name des Gefährts, ist tatsächlich von Stillegung bedroht. Hier und da zuckelt er noch – im Thüringer Oberbergamt Gera zum Beispiel, im Verwaltungsgebäude von Jenapharm oder im ehemaligen Berliner Haus der Ministerien (dem heutigen Bundesfinanzamt) –, und damit er überlebt, scheut man keine Mühe, ihn den neuen, strengeren Sicherheitsvorschriften anzupassen: größere Haltegriffe, Farbunterschiede zwischen dem Linoleum dies- und jenseits der Kabine sowie ein Mechanismus, der den Aufzug stoppen soll, sobald jemandes Körperteil die Weiterfahrt behindert. Trotz dieser und noch einiger anderer Neuerer-Initiativen ächzt der Veteran unter den Fahrstühlen traurig vor sich hin.

Vater-unser-der-du-fährst-zum-Himmel ...! Wahrscheinlich schickt jeder, der zum ersten Mal auf dem Weg nach oben vor der Wendemarke auszusteigen vergißt, ein Stoßgebet zur Decke. Sofern noch Zeit dafür ist. Soeben glitt die letzte Warnung unter mir weg: »Bitte hier aussteigen!« Für die Entwarnung – »Weiterfahrt ungefährlich!« – habe ich vor Aufregung keinen Blick. Was tun? Mit den Fäusten gegen die Seitenwände trommeln? Laut um Hilfe schreien? Mich flach auf den Boden werfen? Den Paternoster in seinem Lauf halten weder Ochs' noch Esel auf ... Die heile Bürowelt ist plötzlich zu Ende, schon knirscht und kreischt es im Dachgebälk. Wie wird er sein, der letzte Moment? Welchen aller Tode muß ich sterben? Werde ich geköpft, geviertteilt, zerquetscht oder im Getriebe fein zermahlen? Vater-unser-der-du-fährst ... Möge sich doch das Dach über einem öffnen und der Fahrstuhl sanft in den Himmel entgleiten!

80

Die tröstlichste aller Schreckensvisionen: Die Kabine dreht sich, kippt, und man fährt, die Arme in die Haltegriffe gestemmt, kopfüber auf der Gegenseite wieder nach unten. Komisch, daß einem so etwas noch bei keinem anderen Fahrgast aufgefallen ist. Und ein bißchen Kopfzerbrechen bereitet selbst dieser Abgang. Wie soll man, auf dem Kopfe stehend, aussteigen, die Namensschilder an den Bürotüren lesen, die Sekretärin begrüßen, eine Tasse Kaffee entgegennehmen und dem Abteilungsleiter gegenübertreten – Aug in Hühnerauge?

In Wirklichkeit passiert am Wendepunkt natürlich gar nichts. Die Kabine ruckelt seitwärts, und ich gleite genauso, wie ich heraufgekommen bin, wieder hinunter. Und doch fordert, jüngst durch den Tod einer Rentnerin belegt, der Paternoster seine Opfer. Die alte Dame, zum ersten und letzten Mal mit dieser Art von Aufzug unterwegs, sah das Ende vor, nein, über sich, geriet in Panik und versuchte im letzten Moment aus der Kabine zu entweichen. Sie wurde nicht zerquetscht, sondern erlag zwischen Himmel und Erde einem Herzinfarkt.

Aber müssen deshalb gleich sämtliche noch funktionstüchtigen Paternoster in den Orkus geschickt werden? Sind nicht zu allen Zeiten Leute über die Teppichkante gestolpert, auf einem Stück Seife ausgerutscht oder morgens im Bett nicht mehr aufgewacht? Nützlicher wäre, man böte öffentlich Paternoster-Fahrkurse an (mit Ein- und Aussteigeprüfung), gründete Paternoster-Selbsthilfegruppen oder nähme konfessionslose Fahrstuhlbenutzer in die Gebetsmühle. Vater-unser-der-du-fährst … Wer bis zum Amen kommt, schafft es hinüber.

Paternoster, der: *nach den aneinandergereihten Perlen der Paternosterschnur (= älter für Rosenkranz): Aufzug mit mehreren vorne offenen Kabinen, die ständig in der gleichen Richtung umlaufen (lat. pater noster = unser Vater; Anfangsworte des Gebets, Matth. 6,9)*

82

Schnurren im Bett

Die Axt im Haus ersetzt bekanntlich den Zimmermann. In manchem Haushalt ersetzt die Wärmflasche den Ehegatten (vielleicht auch umgekehrt) oder die Ehefrau, die Freundin, die Geliebte. Als Kind weigerte ich mich, im Winter in mein eiskaltes Gitterbett zu steigen. Mein Vater mußte das Federbett aus dem unbeheizten Schlafzimmer holen und in der Wohnstube vorwärmen. Ich sehe ihn noch mit der Zudecke zwischen den ausgebreiteten Armen am Kachelofen stehen. Auf Vorwürfe meiner Mutter, er würde mich verweichlichen, reagierte er nicht. Mein Vater war selbst sehr wärmebedürftig. Nach seiner Geburt hatte er zwischen heißen Ziegelsteinen gelegen, ein *Frühchen* von knapp zweieinhalb Pfund. Sein Kinderkorb stand in der Küche; die Ziegel wurden auf dem Herd erhitzt, in Tücher gewickelt und rund um den Säugling verteilt. Kleene Kinner und kleenes Viehzeuch wulln warme sticken! wußte mein Großvater aus Erfahrung.

Alte Leute frieren das ganze Jahr über und nehmen gern ihre Katze mit ins Bett. Das ist nichts für Allergiker, aber gut fürs Gemüt. Und Balsam für die Knochen. Vorausgesetzt, die Katze fühlt sich wohl und schnurrt. Schnurren ist nämlich, dies belegen neueste wissenschaftliche Experimente, die beste Therapie für den Stützapparat. Die antirheumatische Wirkung des Katzenfells war schon meiner Urgroßmutter bekannt; sie legte sich, als ihre Katze gestorben war, deren Fell über die Knie. Mein Großvater, der bei Wind und Wetter zur Arbeit in die Ziegelei nach Muldenstein radelte, nähte sich aus Katzenfellen Nierenschützer. Doch die lindernde, ja heilende Wirkung lebender Katzen ist, wie ein altes Sprichwort belegt, noch um ein vielfaches höher: »Wenn man eine Katze und einen Haufen gebrochener Knochen nebeneinanderstellt, heilen die Knochen.«

Ich kann das bestätigen, denn als ich mir mein Sprunggelenk verstaucht hatte, legte ich mir Inge über den Fuß und kraulte ihr das Fell hinter den Ohren, bis sie schnurrte. Am nächsten Tag war der Schmerz verschwunden. Verhaltensforscher aus North Carolina sind dem Rätsel auf die Spur gekommen. Katzen, so fanden sie heraus, haben nicht nur die berühmten sieben Leben – die es ihnen unter anderem erlauben, aus dem fünften Stock eines Hauses zu fallen und wohlbehalten auf allen vieren zu landen –, sondern verfügen auch über eine Art Ultraschallmotor. Dieser erzeuge einen

pulsierenden Ton von etwa 23 bis 30 Hertz, der die Knochendichte erhöht und ein schnelleres Knochenwachstum sowie eine kürzere Heilungsdauer bei Verletzungen bewirkt, heißt es in der Studie. Schnurren macht gesund.

Wer keine lebende oder tote Hauskatze zur Verfügung hat, muß sich mit der Wärmflasche behelfen. An die Wärmflasche erinnere ich mich, weil sie mal in meinem Bett aufging und der Inhalt mir die Füße verbrühte. Die Flasche war aus Gummi und wurde mit heißem Wasser gefüllt. Nach einer gewissen Zeit kühlte sie ab, und ich stieß sie aus dem Nest. Im Sommer und nach Trinkgelagen fand sie als Eisbeutel Verwendung.

Die Technik hat auch auf diesem Gebiet für Erleichterung gesorgt, die elektrisch beheizbare Decke zog in die Schlafzimmer ein. Noch heute gehen zur kalten Jahreszeit viele Leute, selbst jüngere, mit ihrem Heizkissen ins Bett. Ich weiß, daß Anna ein solches benutzt. Sie versteckt es vor mir hinter ihren Bücherregalen. Ich stelle mir Annas Heizkissen als einen Schlafrock vor, Schottenmuster, mit einem Druckschalter und einem langen Kabel. Manchmal vergißt sie, das Ding vorm Einschlafen abzuschalten, und erwacht mit Hitzewallungen. Inzwischen soll es ja schon biotechnologisch gesteuerte Wärmekissen und Wasserbetten in Hightech-Ausführung geben, die man auf jede gewünschte Temperatur vorheizen kann. Das ist beinahe wie im Paradies. Doch wenn man Pech hat, liegt man am Abend warm, aber allein. Schöner ist es, man liegt kühl und kann sich an der oder dem Liebsten wärmen, bis es schnurrt.

Wärmflasche, die: *ursprünglich aus Metall, später aus Gummi bestehendes verschraubbares Gefäß, das, mit heißem Wasser gefüllt, Wärme spendet*

    Heizkissen, das: *von einem elektrisch zum Glühen gebrachten Widerstandsdraht beheiztes Kissen*

Speller-Augusts Wanderjahre

»In die Ecke, Besen! Besen! Seid's gewesen!« Manchmal stehn die Geister meiner Vorfahren in mir auf und rufen ihren wahren Meister. Den Besenbindermeister. Mein Großvater väterlicherseits war der letzte in unserer Familienkette, der dieses damals schon seltene Handwerk noch beherrschte. Abgeschaut hatte er sich das Besenbinden bei seinem Großvater, dem alten Speller. Speller-August, auch Speller-Rückelt oder der *Alte Zieten* genannt, war Forstläufer in der Dübener Heide und der Erste unter den Holzhackern. Holz, das gespalten wird, spellert. Den anderen Beinamen verdankte er seiner frappierenden Ähnlichkeit mit einem Preußengeneral. Wie General Zieten ritt auch Ururgroßvater seinen Schimmel; mit Fellmütze und langem Pelz kam er preußisch daher – ein Herrscher des Waldes, im Auftrag des Grafen, versteht sich.

An langen Winterabenden soll Speller-August in der Küche gehockt und Reisigbesen gebunden haben. Wochen vorher war er mit der Schubkarre und einigem Proviant zum *Ochsenkopf* aufgebrochen, etwa vier Stunden zu Fuß, wo es Birkenwälder gab. Dort konnte er in aller Ruhe Birkenreis schneiden und warten, bis der Schwiegersohn mit dem Pferdefuhrwerk folgte, die Ladung heimzuschaffen. Speller-August pfiff und sang bei der Arbeit; die Besen gingen ihm flott von der Hand, war einer fertig, mußte die Tochter zur Probe die Küche fegen. Wurde Brot gebacken, nutzte er die Backofenhitze zum Brennen von Schippenstielen. Diese wuchsen zu Dutzenden an den verwilderten Kopfweiden des Grafen; der alte Speller schnitt sie sorgfältig ab, die Weiden trieben neu, nach drei Jahren konnte er wieder ernten. Zur rechten Zeit zerrte Ururgroßvater die heißen Weidenhölzer aus dem Ofen und schlug sie auf das Steinpflaster des Hofes, bis die Rinde, rissig von Hitze und Schlägen, zersprang. Ein glatter, fester Stiel kam zum Vorschein.

Gewachsene Schippenstiele haben den Vorteil, daß sie von Weide sind. Weidenholz faßt sich weich an, reibt nicht und gibt weniger Schwielen. Das wußte Speller-August, und das wußten erst recht seine Kunden – Schornsteinfeger und kleine Bauunternehmer. Jedes Frühjahr zur Messe spannte er den *Schwarzen* an und schaffte seine Besen und Schippenstiele nach Leipzig. Was dort keinen Abnehmer fand und den Rückweg über die Dörfer überdauerte, gehörte zum Hausrat. Ururgroßvater Speller soll auch alle Nachbarn mit Besen versorgt haben.

Mein Großvater, wenngleich aus der Art geschlagen, blieb in dieser Hinsicht dem Ahnen treu. Ob als Kleinbauer, Ziegelei- oder Chemiearbeiter, Landwirtschaftsbeauftrag-ter oder Dorfbürgermeister, immer – nach Feierabend, an Sonntagen, zwischen zwei dringenden Aufträgen – hat er Besen gebunden. Bis zu seinem Tode konnte man sie überall auf dem Anwesen bewundern, denn verkauft hat er keinen. Besen! Besen! Seid's gewesen ...? Einen von Großvaters letzten Reisigbesen habe ich vor dem Kehraus gerettet. Der Besen lehnt an meiner Hauswand und wartet auf den ersten Schnee. Von Zeit zu Zeit schwinge ich ihn, damit er nicht spröde wird, auch um ihn bei Laune zu halten, er hat schon graue Strähnen. Vielleicht werde ich mich eines Nachts aufschwingen und mit ihm zum Hexenmeister auf dem Blocksberg reiten.

Reisigbesen, der: *aus Reisig gebundener Besen*

Warten auf Godot 601

Irgendwann ist es soweit. Dann ist die Wartezeit rum, und ich werde stolzer Besitzer eines PKW Trabant. Ich habe den Wagen vor fünfundzwanzig Jahren und neun Monaten beim VEB IFA-Vertrieb Magdeburg, Filiale Nauen, bestellt und noch immer keinen Bescheid erhalten. Das beunruhigt mich ein wenig. Aber ich hätte ja auch mal nachfragen können. Ich gebe zu, dies in den letzten zwölf Jahren versäumt zu haben.

Hoffentlich gibt es keine Verwechslung. Auf meiner Anmeldung vom 20. April 1976 steht unter Fabrikat/Typ: »Wartburg«, doch das Wort wurde durchgestrichen und die Bestellung nachträglich abgeändert auf »Trab. Kmi«. Das könnte heißen: Trabant 601 Kombi. Leider kein Hinweis auf de luxe. Die Bestellkarte hatte ich als Achtzehnjähriger ausgefüllt, die Änderung stammt von 1986. Mit neunundzwanzig muß mir bewußt geworden sein, daß ich mir bei meinem Salär als Jungakademiker einen Wartburg nie würde leisten können. Der Trabi war familienfreundlicher, er kostete nur 16 000 DDR-Mark – man hatte ein

Ziel vor den Augen und, na ja, genug Zeit zum Ansparen.

Ich erinnere mich, wie mein Vater im Zweitakter zu Hause vorfuhr. Er war dreiunddreißig und stolzer Besitzer eines fabrikneuen Trabant 600. Gerade erst hatte er die Fahrprüfung bestanden und lud uns zur Probefahrt ein. Zweimal umrundeten wir das Häuserviertel, dann bog er auf die Hauptstraße ein und würgte an der nächsten Ampel den Motor ab. Ich hörte zum ersten Mal meinen Vater auf den Sozialismus schimpfen, doch es half nichts. Als der Trabi selbst beim zwölften Versuch noch nicht wieder ansprang, verlor mein Vater die Nerven und stieg mitten auf der Kreuzung aus.

Unser Trabi war himmelblau, kastenförmig und laut. Er hustete, knatterte, rüttelte, aber er fuhr. Die Marschgeschwindigkeit auf der Autobahn lag bei achtzig Kilometer pro Stunde; man nahm noch etwas von der Landschaft wahr. Bergab schaffte die Kiste spielend hundertzehn.

Trabant heißt soviel wie Gefolgsmann, Landsknecht, Begleiter, Diener. Und in der Tat war unser Trabi eine Art Knappe, ein Sancho Pansa auf Rädern. Wir lachten, wenn die schnellen Ritter der Landstraße an uns vorbei übers Kopfsteinpflaster holperten und nicht merkten, wie sie eine Radkappe verloren. Wir verloren dreimal in Folge den Auspuff. Auf einen neuen mußten wir

Monate, wenn nicht Jahre warten. Unsere Versorgungs-fahrten ins Dorf meiner Großeltern gingen auch ohne Auspuff weiter. Mal verstauten wir Kartoffeln und Äpfel im Kofferraum, mal lugten eingeklemmte Zwiebelröh-ren aus der Klappe. Einmal fiel bei einer Vollbremsung das Gurkenfaß um, seitdem roch es im Fond wie in einer Gewürzboutique.

Mit fünfzehn machte ich meinen Moped-, mit acht-zehn meinen Führerschein, bei der *Gesellschaft für Sport und Technik* – auf einem W 50 ohne Anhänger. Schon am Tage nach der Prüfung stieg ich vom LKW auf un-seren Trabi um. Meine Mutter bestand darauf, daß ich sie zum Fleischer fuhr. Es war Winter, und ich drehte mehrmals vergeblich den Zündschlüssel. Der Motor rasselte, keuchte und verschluckte sich. Beim zweiten und dritten Mal röchelte er nur noch. Choke! sagte meine Mutter. Ich zog den Hebel und trat das Gaspe-dal durch – der Trabi heulte wie ein Papiertiger, dann tuckerte er friedlich.

Beim Lenken waren mir meine Knie im Wege. In den Kurven schlug ich zu stark ein, beim Herunterschalten gab ich Zwischengas. Plötzlich stotterte der Motor, und wir blieben auf der Landstraße liegen.

Benzinhahn? fragte meine Mutter. Natürlich hatte ich vergessen, den kleinen Hebel umzudrehen, der sich sin-nigerweise zwischen den Füßen des Beifahrers befand.

Mit der Zeit lernte ich, das Versäumte während der Fahrt mittels eines akrobatischen Aktes nachzuholen, wobei ich Schlangenlinien fuhr. Auch wußte man nie, wieviel Sprit noch im Tank war, denn eine entsprechende Anzeige hatten die Zwickauer Trabant-Konstrukteure für überflüssig erachtet. Und immerzu ging etwas kaputt. Mal ließ sich die Handbremse nicht lösen, mal klemmte das Gaspedal. Einmal legten wir eine Drahtschlaufe und zogen das Pedal per Hand zurück. Schlimmer war, wenn sich das Scharnier am Fahrersitz so abgenutzt hatte, daß die Lehne beim Anfahren nach hinten klappte. Unweigerlich schlug ich mit dem Hinterkopf auf die Rückbank. Das erhöhte mein Denkvermögen.

Trabant, der: *vom Sachsenring Automobilwerk Zwickau seit 1957 gebauter viersitziger Kleinwagen; luftgekühlter Zweitakt-Ottomotor, 594,5 cm³ Hubraum, 19,3 kW (26 PS) Leistung, Duroplastkarosserie mit Stahlblechgerippe*

Rätsel um das Bermuda-Dreieck

Wer weiß noch, woher sie plötzlich kam und wohin sie
so schnell wieder verschwunden ist. Der Dreieckbadehose war nur ein kurzes, prüdes Leben beschieden. Sie
war eine reine Jungen- und Männersache. Von einem
Tag zum andern rannten alle Mitschüler beim Baden
damit herum, also mußte auch ich mir eine besorgen.
Meine war schwarz mit weißem Streifen. Zog ich sie aus
der Tasche, ähnelte sie einem aus der Form gegangenen
Büstenhalter. Aber sie galt als schick und männlich und
ließ die Pobacken hervorquellen, daß der Hintern wie
ein Vollmond leuchtete.

Vor allem war sie pflegeleicht und praktisch. Die
Dreieckbadehose wurde einfach am linken Bein hinauf
und in die Turnhose hinein gezogen, dort drehte und
wurschtelte man so lange, bis man die losen Bändchen
zwischend den Fingern hatte, die schließlich an der
rechten Hüfte miteinander verknüpft wurden. Ruckedi-
zuck – war alles ordnungsgemäß verstaut, konnte man
die Turnhose fallen lassen.

Hat es nur schwarze oder nicht auch grüne, blaue,

rote und sogar weiße Modelle gegeben? Wie viele Streifen hatte die Dreieckbadehose? Wurde sie nicht auch geknöpft? Und haben wir, um auf Nummer Sicher zu gehen, wirklich eine Doppelschleife gemacht? Die Rätsel um das Bermuda-Dreieck lassen sich heute kaum noch aufklären.

In gewisser Hinsicht hat die Dreieckbadehose auch Entwicklungshilfe geleistet. Entscheidend war nämlich der Vorsprung, den sie uns Jungs nach dem Baden verschaffte. Wir brauchten kein Gebüsch zu suchen, hatten keine Umkleidekabine und kein Badetuch nötig. Das unter der Turnhose weggezogene und ausgewrungene Textil in der Hand, konnten wir gelassen zuschauen, wie sich die Mädchen mit ihren Baderüstungen abmühten. Wie sie erst zaghaft die Träger von den Schultern schoben. Dann das Nicki überstreiften und glattzogen, damit der Po bedeckt blieb. Und wie sie schließlich, ein Handtuch oder den Pullover um die Hüften geknotet, unter Verrenkungen den nassen Badeanzug langsam nach unten abrollten. Heikel wurde es beim Aussteigen. Die storchbeinige Martina fiel einmal der Länge nach hin. Ein andermal öffnete ein Windstoß die Schöße von Evis himmelblauem Bademantel und ließ zwei Knospen sehen. Der kleine Sommer rief: Mann, hat die Knollen!

Freilich ahnten wir, daß im Bermuda-Dreieck nicht

nur Schiffe versanken und Flugzeuge verschwanden. Frühmorgens standen wir vorm Spiegel und betrachteten voll Ungeduld den Flaum auf der Oberlippe. Die Lehmann, berichtete der kleine Sommer, hat schon Haare, ich meine unten. Woher wußte er das? Bei der dicken Manuela, die wir *Riesenbaby* nannten, konnte man es beim Turnen sehen. Einmal verschwand Manuela tränenüberströmt im Umkleideraum und wurde heimgeschickt. Am Ende der Unterrichtsstunde nahm uns der Sportlehrer zusammen und appellierte an unser Reifegefühl: Wie ihr wißt, ist die Menstruation ein ganz natürlicher Vorgang ... Die Mädchen wurden rot, wir Jungs nickten beflissen. Wir waren aufgeklärt, doch was wußten wir. Wir standen am Beginn einer Entdeckungsreise.

Zurück zum leidvollen Ausgangspunkt. Warum die Dreieckbadehose untergegangen ist? Sie war zu peinlich und wurde von der nicht weniger peinlichen kunstfaserigen Bermuda-Badehose abgelöst. Nur ein einziges Mal habe ich mir meine Dreieckbadehose zurückgewünscht. Ich war vierzehn, wir lagen am FKK-Strand, und eine hübsche Brünette erlaubte mir, ihr den Rücken einzuölen. Meine Hand glitt langsam tiefer, und ich spürte keinen Widerstand. Nach einer Weile mußte ich mich auf den Bauch rollen.

Dreieckbadehose, die: *in den 50er und 60er Jahren hauptsächlich im Osten verbreitete, tangaähnliche Badehose aus derbem Segeltuchstoff, die an der Seite geknöpft u. zugeschnürt wird*

Urgroßmutters Notate

Links oben auf Urgroßmutters butzenglasverziertem Kleiderschrank hat jahrzehntelang ein kaffeebraunes, speckig glänzendes und stark abgenutztes Buch gelegen, ein *Cassa-Buch* mit großformatigen Seiten. Als Kind sah ich, wie Urgroßmutter hin und wieder etwas notierte. Das Papier des Buches fühlte sich rauh an, es roch, wie alles in Urgroßmutters Stube, und erweckte den Eindruck, man könnte es zwischen zwei Fingern zerreiben wie ein trockenes Kastanienblatt. Die blaulinierten und rotgeränderten Seiten waren dicht mit Tintenstift beschrieben – aus hygienischen Gründen setze ich diesen Leck-mich-Schreiber nicht auf meine Liste. Der mit der Zunge zu befeuchtende Stift hinterließ auf dem Papier seine violette Spur, die blasser wurde, je weiter ich zurückblätterte.

Der Ursprung – wo war er? In meiner Erinnerung gibt es keine erste Seite. Das Buch fing irgendwo an, mit einem Backrezept, einer Konsumrechnung oder einem längeren Zitat aus der Bibel. Urgroßmutter hielt sich streng an Ludwig Sütterlins Normschrift, und sooft sie die Kladde vor meinen Augen aufschlug, nie vermochte ich die wie gestochen wirkenden verschnörkelten Zeichen restlos zu entziffern. Die Buchstaben, die wir in der Schule lernten, erschienen mir schlicht und schmucklos dagegen. Das Cassabuch diente als Urgroßmutters zweites Gedächtnis, denn es speicherte Geburtstags-, Hochzeits- und Sterbedaten von mindestens fünf Generationen, dazu in loser Folge Abschriften von Heiratsurkunden und Taufpatenschaften, zwei stenogrammartige Lebensläufe, den Entwurf eines Briefes, den sie uns nach Moskau geschickt hatte, des weiteren Gedichte, Liedstrophen und Grabsprüche. Die Seiten waren in Spalten unterteilt und die Spalten fett mit *Debet – Cassa-Conto – Credit* überdruckt. Urgroßmutter hat sich darum nicht geschert, sie schrieb quer über die ganze Seite. Irgendwo gegen Ende waren alle Ausgaben aufgelistet, die wöchentlich für die alte Frau getätigt wurden; einschließlich Kaffee und Kuchen ergab das eine Summe zwischen sechzehn und zwanzig Mark. Und jeweils unter dem Datum des 21. Dezember entdeckte ich ein lückenloses Verzeichnis jener Dinge, die ihr zum Geburtstag überreicht worden waren. Auf Unterwäsche und Gebäck, Schürzen, Strümpfe und Apfelsinen folgte mehrmals die Wendung: »...sowie Birnen und Blumen«.

Galt die Handschrift nicht jahrhundertelang als unsere

Visitenkarte? Statt eigenhändig abgefaßter Empfehlungen tauschen wir heute mit Namen, Adressen und diversen Telefonnummern bedruckte Kärtchen. Dabei gibt es nichts Eigenwilligeres als die ureigene Handschrift. Sie variiert je nach Stimmung, Laune, Wetter, Seelen- und Gesundheitszustand, und doch ändert sie sich während unseres Lebens nicht, jedenfalls nicht mehr grundsätzlich. Es gibt eine Zeit, in der sie sich herausbildet und formt, später schleift sie sich ab und wird Routine. Trotzdem behält sie ihren Charakter.

In meiner Erinnerung entfalten die alten Schriftzeichen im Cassa-Conto-Buch magische Kräfte. Mal höre ich Urgroßmutter mit der Malzkaffeebüchse am Küchenspind hantieren, mal sehe ich sie in ihrem Lehnsessel am Fenster dösen. In einer Vollmondnacht hat sie mit ihren Sprüchen eine fingerkuppengroße Warze auf meiner Hand weggepustet. Zweifellos bestand ein Zusammenhang zwischen dem Verschwinden der Warze und Urgroßmutters Notaten.

Handschrift, die: *einem Menschen eigene, für ihn charakteristische Schrift, die er, mit der Hand schreibend, hervorbringt*

Verschollen im Sonnenblumenwald

Hin und wieder biegen Touristen, die auf dem Weg von Erfurt nach Weimar sind, versehentlich in unser Dorf ab. Meist bemerken sie den Irrtum schon nach wenigen Metern. Trotzdem fahren sie langsam weiter, werfen vom Auto aus einen Blick auf die Kirche und schätzen das Alter der dicken Linde. Bis vor kurzem geschah es, daß sie ruckartig am *Ullaer Hof* hielten. Nicht, daß die Fremden ein preiswertes Zimmer suchten. Sie studierten auch nicht die Speisekarte mit den Thüringer Spezialitäten, die neben der Gasthoftür aushängt, sondern starrten in die entgegengesetzte Richtung, über die Wiese mit den Kirschbäumen hinweg auf einen Streifen Ackerland, und trauten ihren Augen nicht: Ein Fabelwesen – halb Mensch, halb Pflug – bewegte sich übers Feld.

Es war mein Schwiegervater, der Sonnenblumen säte. Den Oberkörper tief gebeugt, die Unterarme und Waden gespannt, schob er das Saatgerät vor sich her. Die Szene erinnerte an ein frühes Gemälde von Käthe Kollwitz. In der Tat gibt es dieses Wunderwerk, das mein

Schwiegervater stolz seine *Dibbelmaschine* nannte, in keinem Gartencenter oder Baumarkt.

Wie den Apparat beschreiben? Vorn Fahrrad, hinten Schubkarre? Das Vehikel hat zwei flache Metallräder und eine Kette, die im blechernen Vorratsbehälter eine Bürste antreibt. Das Borstenrad schaufelt den Samen durch ein Loch im Trichter nach draußen: Dibbel, dibbel, dab ... Dibbel, dibbel, dab ... Eine Pflugschar zieht die Furche, in die die Sonnenblumenkerne fallen, das

Hinterrad walzt sie wieder zu, ein nach rechts ausgreifender, verstellbarer Stab markiert bereits die nächste Zeile. Das Raffinierteste an dem Gerät ist die *Programmsteuerung*: Über ein am linken Holm befestigtes Gestänge mit Millimetereinteilung läßt sich die Austrittsöffnung je nach Saatkorngröße regulieren: kleine Öffnung für Mohn-, Senf- oder Salatkörner, mittlere Öffnung für Futterrüben- und Rote-Beete-Samen, große für Kürbis- und Sonnenblumenkerne.

Wo man Sonnenblumenkerne mit der Hand aussät, wachsen Sonnenblumen. Wo mein Schwiegervater dibbelte, rauscht ein Sonnenblumenwald, hinter dem das Dorf versinkt. Jeden Sommer stehe ich vor drei bis vier Meter hohen, dicht mit dunkelgrünen, fleischigen Blättern besetzten Stengeln, deren riesige erdbraune, gelb geflammte Köpfe über mir schwanken. Einmal hat sich unser Sohn in dem Dickicht versteckt und von allein nicht mehr herausgefunden. Weil er auf unser Rufen nicht reagierte, holten wir einen Streifenwagen zu Hilfe. Doch die Polizisten wagten sich nur wenige Meter in den Sonnenblumenwald hinein und wichen zurück, als sich die Sonne verdunkelte. Am späten Nachmittag durchkämmte eine Hundertschaft mit Hundestaffel den Stengelwald; als die Männer am anderen Ende herauskamen, hatten sie das Kind gefunden, doch es fehlte ein Hund. Mein Schwiegervater entdeckte ihn im

Herbst, nachdem er die trockenen, nun von leeren Köpfen gekrönten Stengel mit der Axt gefällt hatte, das Tier war abgemagert bis aufs Skelett.

Seitdem stelle ich jedes Frühjahr um den Feldrain herum Warnschilder auf: »Betreten auf eigene Gefahr! Kinder sind an der Hand und Hunde an der Leine zu führen!« Aber Mäuse, Igel, Katzen, Marder und Füchse lieben unseren Sonnenblumenwald, und ganze Vogelschwärme erküren ihn jeden Sommer zu ihrem Hain. Sobald die Kerne reif sind, machen sich die Vögel über die schweren Blumenköpfe her, und von dem, was dabei zu Boden fällt, gedeihen weitere Wälder. Man spricht bereits vom Thüringer Sonnenblumenland. Mein Schwiegervater ist eines Tages kurz vor der Ernte gestorben. Er hat den Kreislauf der Natur kräftig angeschoben, sein *Saatesel* darf zurück in den Stall.

Dibbelmaschine, die: *(engl. = Pflanzholz, Setzholz) Saatmaschine, die das Saatgut in Reihen mit größeren Abständen (häufchenweise) ablegt*

Lux der Pazifist

Als im Herbst 1941 in M. der Musterungsbefehl an alle deutschen Schäferhunde erging – genauer gesagt: an alle Dorfhundehalter –, brach im Hause meiner Großeltern Panik aus. Großmutter hatte Angst um ihren Lux. Lux war ein gesunder, kräftiger Rüde, und er war unabkömmlich. Er bewachte nicht nur das Gehöft, sondern ersetzte in der Kleinbauernfamilie auch das Pferd. Ein Pferd heißt Pferd, weil man damit fährt, pflegte Großvater zu sagen. Demnach hätte Lux eigentlich Trex heißen müssen, denn er *treckte*. Täglich wurde er vor den Hundewagen gespannt, ein vielseitig verwendbares Transportmittel mit Deichsel, Ladefläche und vier metallbereiften Holzspeichenrädern. Um das Gefährt vom Fleck zu bewegen, bedurfte es eines doppelten Gespanns: Links ging Großvater, zog und lenkte mit der Deichselstange, rechts trabte Lux an der Kette und treckte. Mit dem Hundewagen wurde seinerzeit alles befördert, was zum Leben nötig war: Kartoffeln und Kohlen, Futterrüben und Löschkalk, Kürbisse und Pferdeäpfel. Vor der Heuernte schraubte Großvater denWa-

gen auseinander, verlängerte den Abstand zwischen Vor-
der- und Hinterachse und hängte die Leitergitter ein.
Lux war vor dem Heuberg kaum zu sehen, aber man
hörte ihn hecheln. Nach jeder Fuhre soff er aus der Re-
gentonne. Trotzdem schien dem Hund die Last eine
Lust zu sein. Wenn der Wagen vom Hof rollte, heulte
Lux vor Begeisterung. Die Fuhren führten hinaus in die
Welt – mal in die Aue, mal in die Heide, zu den Ton-
löchern, um die Asche zu entsorgen, oder zum Wasser-
holen an die Mulde.

Nun also sollte Lux zum Militär, Rußlandfeldzug
womöglich oder Wachdienst bei der SS. Der Hund
hatte zur befohlenen Stunde auf dem Stellplatz am
Dorfteich zu sein. Doch wie ihn hinführen? Großvater
war auf Schicht, und Lux weigerte sich, das Gehöft zu
verlassen. Die Anordnung zu ignorieren, konnte für
meine Großeltern fatale Folgen haben. Also wurde der
Hundewagen aus der Scheune geholt und Lux angespannt, er jaulte vor Vergnügen.

Ab ging die falsche Fuhre, durchs Hoftor und durch
die Gasse. Großmutter und mein Vater, damals ein
Junge von zehn Jahren, hielten gemeinsam die Deichselstange, doch sie brauchten nicht zu ziehen, sie mußten bremsen. Lux treckte wie wild. Nach wenigen
Metern verfiel das Dreigespann in Trab, dann in Ga-
lopp, daß die Schuhabsätze klapperten. Lux zog und

111

hechelte über die Bachbrücke und den Berg hinauf, er wollte in die Dübener Heide. Mit Mühe gelang es Großmutter, die Kurve zum Dorfplatz zu nehmen, wo ein Feldwebel der Wehrmacht es sich hinter seinem Klapptisch bequem gemacht hatte. Davor saßen, von Bauernjungen eskortiert, etwa zwei Dutzend Schäferhunde. Als Lux die Kompanie bemerkte, zog er das Tempo wieder an, jetzt hielt ihn nichts mehr. Im Sturm jagte er auf seine Kampfgenossen zu, die erschrocken aufsprangen und kläffend auseinanderstoben. Erst kurz vorm Teich gelang es Mutter und Sohn, den Wagen zum Stehen zu bringen. Wütend kam der Feldwebel auf sie zu, musterte den Hundewagen, der sich mit verdrehter Deichsel im Gras quer gestellt hatte, dann Lux, der ihn mit Schaum vor der Schnauze anknurrte. Machen Sie mir nicht die Hunde rebellisch! schrie er. Schern Sie sich mit dem Köter heim!

Postum verleihe ich unserem vierbeinigen Pazifisten den Listen-Orden mit Halsband. Lux hat meinen Großeltern und meinem Vater in den Kriegs- und Nachkriegsjahren die Stange gehalten. Im strengen Winter siebenundvierzig zog er den Wagen über die zugefrorene Mulde, wo Großvater heimlich eine trockene Pappel gefällt hatte. Gemeinsam schafften sie die Ladung heim. Die besten Pappelstücken wurden nicht verfeuert, sondern zu Holzpantoffeln verarbeitet. Nach Luxens Tod

hat sich Großvater die *Trecke* um die Schulter gelegt. In den Holzpantoffeln bin ich später noch herumgeschlappt.

Hundewagen, der: *das Wörtberbuch führt nur Hunderassen und -rennen auf; es handelt sich um einen größeren Handwagen, der von einem Hund mit gezogen wird*

Rüden an die Leine

Die Zeiten ändern sich. Die Frauen auch. Die Männer verschwinden. Allmählich, aber unaufhaltsam. »Männer sind auf dieser Welt einfach unersetzlich«? – Aber Herr Grönemeyer, wo leben wir denn! Der Mann im Manne hat sich doch längst überlebt. Einst schnitt ihm der Herrgott den besten Teil, das Weib, aus den Rippen, der Rest landet nun auf dem Komposthaufen der Evolution. Aus Selbstmitleid und Anhänglichkeit an unser lange überschätztes Geschlecht setze ich die Gattung des *Homo sapiens maskulinum* auf die Liste der vom Aussterben bedrohten Arten.

Die neue Mitte ist weiblich. Frauen lächeln, tanzen, kochen, flirten, fluchen, rauchen, rasen, mobben und lieben schöner. Frauen haben nicht nur rundum gelernt, ihren Mann zu stehen, nein, sie sind eindeutig die besseren Männer. Der Damenfußball hat die Hoeltzenbeine und Klinsmänner ins Abseits gestellt. Selbst im Profiboxen punktet die weibliche Linke. Es gibt bald keine Mannschaften mehr, nur noch Mutterschaften und Frauen-Riegen. Wozu soll in den Zeiten der unbefleckten Empfängnis der Mann denn noch nützlich sein? Als Packesel? Playboy? Oder Samenspender? Als Partner hat der Mann mehr oder weniger ausgedient. Frauen machen sowieso, was sie wollen. Und besorgen sich alles selber. Im besten Falle taugt der Mann noch als Gegenstand für die deutsche Komödie.

»Ich glaube«, schlußfolgerte einst Fernseh- und Frauenliebling Wolfgang Menge, »daß die Frauen in unserer Gesellschaft nur benachteiligt sind, weil die Männer so dumm sind.« Die Männer würden, wenn sie einer Frau begegnen, ja ausschließlich aufs Äußere achten. Bei der Frau scheint es eher umgekehrt. Marlene Dietrich soll einmal geäußert haben, sie kenne keine Frau, die sich ihren Mann ausgesucht habe, weil er lange Beine hat.

Worauf achtet die Frau eigentlich? Auf den langen Hals des Mannes? Auf seine Nase? Oder seinen Schritt? Hat sie überhaupt einen Blick für den männlichen Reichtum, wie ihn der Russe Viktor Jerofejew beschreibt? Ich zitiere aus seinem »Nachruf« auf die Männer: »Das männliche Bein stellt ein Muster an Schönheit dar ... Männliche Schultern und Brust sowie Schulterblätter, Waden und Unterarme sind durchaus uneigennützig ... Die männlichen Finger sind ein Wunder an rascher Reaktionsfähigkeit ... Der männliche Bauchnabel ist das Zentrum des kosmischen Raums ... Die Haut des Mannes ist so zart, daß man sie immerfort

116

mit der Hand berühren möchte ... Männliche knackige Pobacken sind nicht nur an und für sich schön, sondern auch dadurch, was zwischen ihnen zu sehen ist ...«

Doch die Dame von Welt steht auf edle Hunde. Im Park begegne ich fast nur noch Frauen mit Rüden an der Leine. Sie lächeln, weil *er* an jedem Baum und an jedem Busch das Bein heben muß. Wenn ich das sehe, weiß ich gar nicht, ob ich als Redakteur noch eine Perspektive habe. Vielleicht sollte ich mir schleunigst ein Pseudonym zulegen und mich Franziska nennen. Oder mir wenigstens Mühe geben, weiblicher zu schreiben, was wiederum die Gefahr mit sich brächte, als Kritiker zur Theatertante abgestempelt zu werden. Ich habe keine Ahnung, was mir blüht. Sicher ist: Mann muß sich verändern. Obwohl das nicht so einfach ist. »Schwanz bleibt Schwanz«, bekennt Jerofejew nicht ohne Stolz, und er werde dieses Wort mit großen Buchstaben schreiben wie das Wort Heimat. Haben wir Männer überhaupt noch eine Heimat? Oder laufen wir schon an der Leine? Andererseits, wenn eines Tages alle Mannsbilder abgeschafft sein werden, wird es den Frauen dann auf Dauer wirklich besser gehen? Wenigstens ihren Buhmann wollen sie doch behalten.

Mann, der: *erwachsene Person männlichen Geschlechts (mhd., ahd. man, vielleicht urspr. = Denkender)*

118

Heiz den Badekessel an!

Duschtür auf, Hahn auf, Wasser marsch! Schon ergießt es sich – heiß oder kalt, fein oder im Schwall – über Kopf, Nacken und Glieder. Meine tägliche Brause gönne ich mir am Morgen. Und fühle ich mich abends schlaff, tauche ich ein in dampfenden Lavendel- oder Pfirsichblütenduft. Ein Bad zur Entspannung? Jederzeit. Die Wanne gehört heute bei uns zur hygienischen Grundausstattung und ist fest im Badezimmer einge-mauert.

Das war nicht immer so. Wasser marsch! lautete das Kommando, wenn mein Großvater nach dem Baden die große, graue Zinkwanne leerte. Dazu wurde der zwanzig Meter lange Gartenschlauch ausgerollt und des-sen eines Ende in das flockige Seifenwasser getaucht, das andere über dem Senkloch auf dem Hof gehalten. Um die Steigung an der Wannenwand zu überwinden, mußte angesaugt werden. Großvater kniete nieder und steckte sich das Schlauchende in den Mund. Nach eini-gen kräftigen Zügen riß er den Schlauch heraus und ließ die Brühe in den Untergrund plätschern.

Gebadet wurde an jedem Sonnabend. Anschließend gab es Kartoffelsalat mit Würstchen. Mein Bruder und ich saßen dann geschrubbt und gescheitelt auf der Chaiselongue, und in der Küche duftete es, als hätte Großmutter den Salat statt mit Mayonnaise mit Florenacreme angerichtet. So ein Familienbadetag war für den Bademeister ein schweißtreibendes Geschäft. Zunächst mußte der Waschkessel mit Wasser gefüllt und angeheizt werden. Sodann wurde die Zinkbadewanne, die den Sommer über an der Hofmauer lehnte und uns Kindern als Zielscheibe für unsere Katapulte und Flitzbogen diente, ins Waschhaus getragen, mit brühend heißem Wasser aus dem Kessel gefüllt, in das über einen kurzen Schlauch kaltes Wasser zugeleitet wurde.

Mein Bruder und ich machten den Anfang, indem wir zusammen in die Wanne stiegen, wobei es regelmäßig Streit gab, wer am breiteren, dem Rutschende sitzen durfte. Während des Spielens wechselten wir mehrmals die Positionen. Spätestens wenn die Hälfte des Badewassers über die Waschhausfliesen verteilt war, erschien Großmutter, um uns einzuseifen. Ich weiß nicht mehr, ob nach uns der Rest des Wassers abgelassen und der Wannenboden geschrubbt oder erst noch der Hund darin gebadet wurde. Im zweiten Durchgang teilten sich Großmutter und Großvater – immer in dieser Reihenfolge – eine Wannenfüllung, wobei vorher die

Waschhaustür von innen abgeschlossen und das Fenster sorgfältig verhängt wurde. Wenn meine Eltern für längere Zeit zu Besuch waren, badete auch mein Vater, was eine dritte Wannenfüllung zur Folge hatte und ein neuerliches Ablassen des Schmutzwassers erforderte. Meine Mutter weigerte sich, da sie die Zinkwanne als Zumutung empfand. Als Städterin war sie an modernere Badevorrichtungen mit Badeofen und Handbrause gewöhnt.

Überhaupt ließ meine Mutter keine Gelegenheit aus, verächtliche Bemerkungen über die *Katzenwäsche* meiner Großeltern zu machen. Die Woche über wuschen sich die Alten kalt über dem einzigen Waschbecken in der Küche, und mein Großvater hat bestimmt mehr Wasser aus dem Hahn getrunken, als er zur Körperpflege verbraucht hat. Wenn er Durst hatte, füllte er sich sein Henkeltöpfchen mit *Leitungsheimer*. Für meinen Bruder und mich genügte zur Morgentoilette ein feuchter Waschlappen. Wir sind beide keine Allergiker geworden. Vielleicht werden wir uralt. Meine Urgroßmutter starb mit 94, meine Großmutter mit 86, mein Großvater mit 84 Jahren. Sie haben nie ein Badezimmer gehabt, geschweige denn ein Dampfbad oder eine Sauna besucht. Und sie waren niemals ernsthaft krank in ihrem Leben. Dreck schützt, pflegte mein Großvater zu sagen. Oder: Dreck reinigt den Magen.

Die modernen Medizinmänner geben ihm recht. Unsere alte Zinkbadewanne habe ich im Garten unter den Holunderbusch gestellt, mit Erde gefüllt und Radieschen und Gurken darin gepflanzt.

Zinkbadewanne, die: *auf Metallfüßen stehende transportable Wanne aus Zinkblech u. ohne Abfluß, in der eine erwachsene Person od. zwei Kinder bequem baden können*

Wir Deutschen sterben aus

Es kam der Tag, an dem Urgroßmutter neunzig wurde. Sie war früher als sonst auf den Beinen und schurrte aufgeregt durchs Haus, um die Geburtstagsvorbereitungen zu überwachen. Aus ihrem Spind fingerte sie eine große, geblümte Kanne samt Untersetzer, der mittels Gummi an Deckel und Schneppe befestigt wurde. Dann kramte sie ihr Lederportemonnaie aus der Schublade und gab bei Großmutter ihre Bestellung auf: Bohnenkaffee, Muckefuck (Malzkaffee), Speckkuchen, Spuckkuchen (Kirschkuchen) und Schokoladenkuchen vom Blech. Am Nachmittag füllte sich die Stube; es wimmelte von Kindern und Kindeskindern, von Cousins und Cousinen, Großtanten und -onkels. Die Wiedererkennungsszenen wollten kein Ende nehmen: Bist du nicht ... ach ja ... ach nein ... leibhaftig ... unverkennbar ... noch immer die alte! ... wie die Kinder gewachsen ... wie die Zeit vergeht ... gut siehst du aus! ... was denn, auch tot? ... seit so vielen Jahren ... nicht zu glauben ... der war doch noch ... oje! na ja! nu denn ...

Pausenlos klappte die Stubentür, die Blümchenkanne

mußte viertelstündlich nachgefüllt werden. Urgroßmutter saß mit Zupfschürze und fleckigen Apfelbacken am Tafelende und strahlte: Immer langt zu, forderte sie, reichte die Flasche mit dem Johannisbeerschnaps herum, trank und kaute selbst mit unersättlichem Appetit. Schön, daß ihr alle da seid! – Auf dein Wohl, Mutter! Auf die nächsten zehn! Auf den Hundertsten! – Ooch, wehrte Urgroßmutter ab, bloß nich ...

Diese Szene, die ich als Zwölfjähriger erlebte, habe ich vor Augen, wenn heute von der Auflösung der Großfamilie geredet wird. Das Dilemma muß damals, vor rund dreißig Jahren, in Urgroßmutters Stube begonnen haben. Nie wieder habe ich ein so volles Haus gesehen. Innerhalb von drei Jahren reduzierte sich die Tafelrunde fast um die Hälfte. Die Achtzigjährigen starben. Die Siebzigjährigen starben. Urgroßmutter wurde älter und älter. Wenn sie in meinem Beisein die Zeitung aufschlug und die Todesannoncen studierte, murmelte sie: Nu hat der sich ooch noch fortjemacht ...

Wir werden immer weniger. Nicht nur die Großfamilie, die Familie überhaupt ist ein auslaufendes Modell. Obwohl bei uns niemand die Ein-Kind-Ehe propagiert, verringern wir uns nach dem chinesischen 1+1=1- oder 1+1<1-Prinzip. Ein Mann, eine Frau, ein Kind. Ein Mann, eine Frau, kein Kind. Mitunter gerät die Ordnung auch völlig aus den Fugen: Frau und Frau, Mann und Mann, Mann ohne Frau, Frau ohne Mann ... Wenn sich heute durchschnittlich jedes Paar nur ein Kind anschafft, halbiert sich dann nicht irgendwann die Bevölkerung? Wie oft läßt sich ein Volk halbieren? Und was bleibt da am Ende für ein Rest?

Fakt ist, wir Deutschen sterben aus. Der protestantische Norden früher als der katholische Süden. Eines nicht mehr allzu fernen Tages werden die letzten Großfamilien zu kulturellen Leuchttürmen erklärt. Meine Mutter stammt noch aus einer kinderreichen Familie. Mein Großvater väterlicherseits ebenfalls. Mit meinem Vater hört sie auf. Ein Einzelkind. Das letzte Glied. Es zeugte noch zwei Kinder. Mein Bruder und ich, wir haben jeweils nur noch ein Kind gezeugt. Deng Xiaoping wäre wahrscheinlich stolz auf uns – Helden der sozialistischen Verhütung! Unsere Kinder werden vielleicht wieder ein Kind, doch keine Nichten und Neffen mehr haben. Mit ihnen beginnt die Generation der verwitweten Onkels und Tanten. Wo finden künftig noch Familientreffen statt? Im Reagenzglas? Im Internet? Oder am Katzentisch?

Großfamilie, die: *großer Familienverband, der aus Vertretern mehrerer Generationen besteht*

Deutschen, die: *vom Aussterben bedrohtes, da zwar arbeitsames, doch zeugungsunwilliges Volk*

Finnische Zeiten

Im Sommer 2000 saß ich im Olympiastadion in Helsinki und bewunderte den großen Paavo Nurmi. Die sportbegeisterten Finnen präsentierten die erste Lauf-Oper der Welt; sie hatten ihrer Langstreckenlegende ein gigantisches Open-Air-Spektakel gewidmet, mit Orchestermusikern, Sängern, Chören und Hunderten von Statisten. Läufer, Turner, Bauern, Hebammen, Feuerwehrleute und skifahrende Soldaten wirkten mit. Ein Schützenpanzerwagen fuhr auf, und zum Ende der Show donnerten zwei Düsenjets im Tiefflug über den Stadionkessel. Der Aufwand war nicht übertrieben, immerhin hatte der Finne zwischen 1920 und 1928 bei drei aufeinanderfolgenden Olympiaden neun Gold- und drei Silbermedaillen errungen und mehr als zwanzigmal den Weltrekord gebrochen.

Paavo war der Vorläufer und zugleich das charakterliche Gegenteil von Emil, der Lokomotive. Während das tschechische Langstrecken-As Emil Zátopek (vier Olympiasiege, achtzehn Weltrekorde) später wie ein Dampfroß auf der Aschenbahn seine Runden keuchte, federte Nurmi leichtfüßig durch die finnischen Wälder. Als *Spartakiadetalent* der siebziger Jahre bewunderte ich Paavos Taktik: Vor jedem Weltrekordlauf zog sich der Finne in die Einsamkeit der Natur zurück. Die klare Luft und die saubere skandinavische Seenlandschaft haben den Olympioniken unschlagbar gemacht.

Von Potsdam aus nahm ich die Verfolgung auf, rannte jeden Nachmittag durch die märkischen Wälder. Der Sandboden federte nur dürftig, und der Wind blies meist von der nahe gelegenen Seifenfabrik. Im Frühjahr hatte ich mit Mückenschwärmen zu kämpfen, im Sommer bevölkerten Ameisenheere meine Strecke, und im

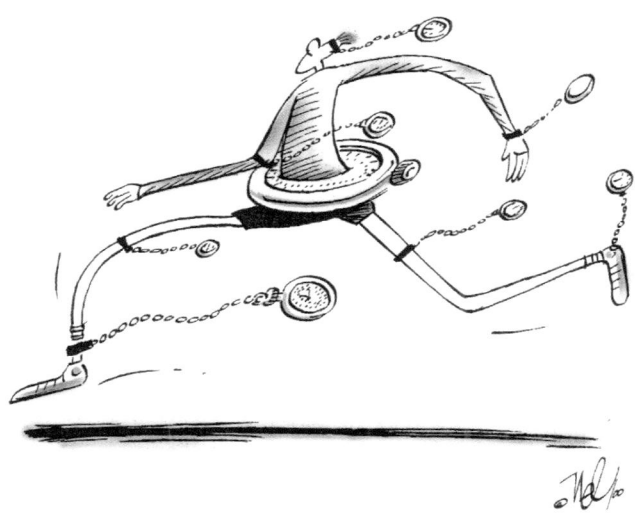

Winter verwandelte sie sich in eine Rutschbahn. Ich habe es nie bis aufs Olympia-Treppchen geschafft. Trotzdem bin ich, wenn ich meine penibel geführten Trainingsprotokolle von damals betrachte, ein klein wenig stolz auf mich. Nach fünfzehn Kilometern Wald- und Wiesenpiste stoppte die Uhr bei 54 Minuten. Die zehn Kilometer legte ich in knapp 36 Minuten zurück. Meine Stoppuhr kann's bezeugen.

Die Uhr hatte ich für zwanzig Mark einem Mitschüler abgekauft, der mir nicht sagte, woher er sie hatte. Ich wollte es auch gar nicht wissen. Ich war glücklich, endlich meine Trainingszeiten stoppen zu können, band einen Strick an die Uhr und wickelte ihn mir ums Handgelenk. So konnte das gute Stück, wenn ich die Faust öffnete, nicht runterfallen. Es handelte sich um eine Stoppuhr AGAT, *made in* USSR, mit einem großen Zeiger für die Sekunden und Zehntel und einem kleinen für die Minuten. Hundertstel maß sie nicht. Auf der Rückseite hatte mein Mitschüler den eingravierten Namen des Eigentümers ausgekratzt, allerdings konnte ich noch den Anfangsbuchstaben erkennen – ein K wie Keding. So hieß unser Sportlehrer, der seine Stoppuhr vermißte.

Lieber Herr Keding, ich besitze die Uhr noch immer und halte sie in Ehren, auch wenn ich sie im Zeitalter der elektronischen Zeit- und Pulsmessung kaum noch benutze. Ihr Laufwerk hat mich bis zu meinem sechzehnten Lebensjahr rund zehntausend Kilometer durch die Mark Brandenburg begleitet. Und ich hatte die Stoppuhr wieder dabei, als ich, nun ein Hobbyläufer im Schatten des großen Nurmi, im August 2000 den Helsinki-Marathon mitgelaufen bin. Nach all den Strapazen hatte sie den Einlauf ins Olympiastadion verdient. Der altersschwache Strick und ich hielten durch. Als wir den Zielstrich überquerten, habe ich die Stoppuhr nicht gedrückt, nur gestreichelt.

Stoppuhr, die: *bes. im Sport verwendete mechanische Uhr, deren Uhrwerk durch Druck auf einen Knopf in Bewegung gesetzt u. zum Halten gebracht wird, wobei auch kürzeste Zeiten angezeigt werden*

Die fleißige Müllerin

Alles, behauptet Anna, lasse sich in der Kaffeemühle mahlen. Geröstete Kaffeebohnen natürlich, aber auch Getreide und Sonnenblumenkerne. Sie sitzt auf dem Stuhl, hat die Mühle zwischen die Schenkel geklemmt, stützt die linke Hand aufs Gehäuse und dreht mit der rechten die Kurbel. Die Mühle ächzt, und die Bohnen knirschen, es duftet wie in einer Rösterei. Mit etwas Phantasie kann man in der Kaffeemühle eine kleine Verwandte der Wind- oder Wassermühle erkennen, sie ähnelt einem Holzhäuschen und hat ein Schubkästchen, in dem der gemahlene Kaffee sich sammelt. Die Kurbel treibt eine Schnecke, die die von oben nachrutschenden Kaffeebohnen im Trichter zermalmt.

Nicht nur Bohnen, schwört Anna, während sie aufrecht sitzt, im Nacken leicht verspannt, und kurbelt; man kann ihr die Anstrengung von den Mundwinkeln ablesen: Kaffeemahlen ist kein Kinderspiel. Aber auch nicht notwendig heutzutage, da man den Kaffee brühfertig pulverisiert und vakuumverpackt, haltbar somit auf Jahre, an jeder Ecke kaufen kann. Doch davon will

Anna nichts wissen. Alles, wiederholt sie, haben wir früher durch die Kaffeemühle gedreht: Weizen- und Roggenkörner, Mais für die Kuchen, Haferflocken, gedörrte Apfelstückchen und grüne Kürbiskerne fürs Müsli, manchmal sogar das Trockenfutter für die Katze.

Ich stelle mir Anna vor dreizehn Jahren vor, wie sie Ähren pflückend und Körner sammelnd über die genossenschaftlichen Felder und Wiesen geht, immer auf der Suche nach einer Alternative. Mein Onkel O., der größte Zigarrenraucher vor dem Herrn, hat nach dem Krieg in seinem Garten Tabak angebaut, die Ernte auf dem Hausboden getrocknet und in der Kaffeemühle zerschrotet. Irgendwann verschwand Onkel O.s Tabakmühle. Auch die Mühle meiner Großmutter hatte eines Tages ausgedient. Im Konsum war eine volkseigene elektrische Kaffeemühle installiert worden. Später gelangte *Mokka fix Gold*, der erste aromaverpackte DDR-Pulverkaffee, in die Verkaufsregale. Ganz zu schweigen von den Millionen *Westkaffeepaketen*, die ihren subversiven Duft in vielen Haushalten verströmten.

Die mechanische Kaffeemühle wird nicht mehr gebraucht. Es sei denn, man benutzt sie, um sich abzureagieren, wie es gelegentlich auch beim Holzhacken geschieht. Im DEFA-Film »Die Legende von Paul und Paula« gibt es eine Szene, in der Pauls Frau, in flagranti mit einem Kerl ertappt, Kaffeebohnen mahlend Buße tut. Sie sitzt in der Küche, heult und kurbelt, während er wütend das Geschirr auf den Fußboden schmeißt. Wir haben die Szene nicht nachgestellt, ich bat Anna lediglich, mir ihre Kaffeemühle vorzuführen. Nach dem zweiten Kästchen frisch gemahlenen und verführerisch duftenden Kaffeepulvers kommt Anna in Schwung. Während ihr rechtes Auge die Mühle im Blick behält, driftet das linke ab; der Blick schweift durch den Raum auf der Suche nach Weiterem, was sich mahlen läßt. Müslikörner zunächst und Cornflakes, dann die Balkonkräuter – Minze, Fenchel, Balsam, Thymian; dann die Topfpflanzen, einschließlich Gerbera und Männertreu. Nach jedem Arbeitsgang leert Anna das Kästchen und häufelt den Inhalt gesondert auf eine Untertasse. Im Nu hat sich die Wohnung in einen orientalischen Basar verwandelt und riecht auch so, lauter Tellerchen und Düftchen, und die Mühle dreht sich und dreht, bald säuselnd – das ist das Basilikum, bald knackend – das sind die Kürbiskerne, und das Auge schweift und findet neue Nahrung. Alles, droht Anna, mahlt meine Mühle: Bleistifte, Kugelschreiber, Fotos, Visitenkarten, Zeitschriften und Manuskripte, auch Taschenkalender, Taschenbücher, Bilderbücher, Prachtbände sogar; dann knirscht es – die Sektgläser! – und Talggeruch macht sich breit. Mit jeder Kerze, die Anna in die Mühle stopft, wird es dunkler im Raum, immer dunkler, bis nur noch der Mond durch die Balkontür scheint. Schattenhaft dreht sich nunmehr das Zimmer, stöhnt, kreischt, seufzt; der Boden unter mir wird hart, knochenhart – der Teppich!, wahrscheinlich versucht Anna den Teppich zu zermahlen ..., dann meine Jacke, meine Schuhe, meine Socken, mein Hemd, meine Hose, in der die Liste steckt ... Vorsicht, Anna, die Rote Liste! Halt ein, Anna, ach ...!

Kaffeemühle, die: *mechanisches od. elektrisches Haushaltsgerät, in dem gewöhnlich Kaffeebohnen gemahlen werden*

Immer war das Löschblatt weg

Vergiß die Schiefertafel nicht! mahnt meine Mutter.

Aber wir hatten doch gar keine Schiefertafeln.

Natürlich hattest du als Kind eine Schiefertafel! Erinnerst du dich nicht? Wir haben doch darauf das Abc geübt.

Richtig, aber das war in der Küche, nicht in der Schule. Ich saß auf der Eckbank am Tisch und kratzte mit dem Griffel auf meiner schwarzen, von Holzleisten gerahmten Platte herum. Man mußte hart aufdrücken, so daß es quietschte, und einen Lappen parat haben, um die dünnen weißen Striche wieder wegzuwischen. Meine Großeltern sind als Kinder noch mit der Schiefertafel unterm Arm ins Schulhaus gelaufen. Mein Vater schrieb bereits mit Feder und Tinte. Ich habe das Alphabet zunächst mit dem Bleistift, dann mit dem Füllfederhalter gelernt. Kugelschreiber waren im Unterricht nicht erlaubt, die würden die Handschrift verderben. Wenn ich das Gekrakel meines volljährigen Sohnes betrachte, gebe ich meiner Unterstufenlehrerin nachträglich recht. Mein Sohn hat nie

Schönschreiben gehabt. Gibt es das Fach überhaupt noch?

Meine Generation ist noch hautnah mit Tinte in Berührung gekommen. Zwar benutzten wir das Tintenfaß nicht mehr im Unterricht, weshalb wir die Vertiefungen in den Schulbänken als Papierkörbchen mißbrauchten, doch mußte der Füllfederhalter regelmäßig daheim vollgetankt werden. Es gab Füller zum Aufziehen, Drehen und Pumpen. In jedem Falle war es erforderlich, die Füllfeder ins Faß zu tauchen und hinterher gründlich abzuwischen. Dabei blieben Flecken zurück – an den Fingern, im Gesicht und auf der Tischdecke. Auch verklebte das Tintenfaß nach einiger Zeit, so daß es sich nicht mehr öffnen ließ. Blieb das Faß offen, fiel es irgendwann um und lief aus.

Das Tintenfaß ist ein dämonisches Gefäß. Ausgerechnet in der Schublade meines Schreibtisches mußte es auslaufen und mir meine Hefte versauen. Luther benutzte es als Wurfgeschoß, als der Teufel ihn bei der Bibelübersetzung störte. Das größte Tintenfaß ist in Dr. Heinrich Hoffmanns »Struwwelpeter« zu besichtigen, es hat die Ausmaße eines Taufbeckens. In ihm werden die bösen Buben Ludwig, Kaspar und Wilhelm abgestraft, weil sie sich über den Mohren lustig machten: »Bis überm Kopf ins Tintenfaß / Tunkt sie der große Nikolas ...«

Gern würde ich einen Klecks auf meine Rote Liste setzen, doch ich bin kein Kopist und möchte auch nicht des Epigonentums bezichtigt werden. Über das Ende der Tintenkleckserei hat bereits die *Neue Zürcher Zeitung* berichtet. »Das Zeitalter purgatorisch gereinigter Schreibstrategien auf Typewritern, Kugelschreibern und PCs«, heißt es dort, »kennt keine Tintenkleckse mehr. Von Unreinheiten aller Art, von der Überfälligkeit einer Kritik der unreinen Vernunft aber hat es tief verstörte Ahnung.« Das Verstörendste an diesem Artikel ist, daß der Autor von Luther bis E.T.A. Hoffmann und von Goethe bis Peter Rühmkorf die »Tintessenz« aus vielen Jahrhunderten Federkiel zu ziehen versucht, ohne die kathartische Wirkung des Löschblatts zu erwähnen.

Das Löschblatt war in der Federhalterära Pflicht, es diente zum Ablöschen der frisch verschriebenen Tinte. Noch früher nahm man feinen Sand dazu. Vergaß man das Löschen, verschmierte die Schrift. In der Unterstufe hatte ich eine Eins in Schönschreiben, doch in Ordnung nur eine Drei. Immer war das Löschblatt weg. Meine Klassenlehrerin, die zu Beginn jeder Unterrichtsstunde die Hefte kontrollierte und von jedem ein sauberes Löschblatt sehen wollte, ahnte nicht, daß an meinem Füller die Hülle fehlte. Ein hüllenloser Füller trocknet ein, und man muß mit ihm, um ihn wieder

gebrauchsfähig zu machen, einige Male kräftig aufs Löschblatt klecksen. Ich kleckste und kleckste. Die Mädchen, die eine Eins in Ordnung hatten, besaßen nicht nur sorgsam verschraubte Füller, sondern auch dicke Löschpapierblöcke. Wenn ich sie höflich darum bat, gaben sie mir ein neues Blatt, das ich der Lehrerin vorzeigen konnte, bis auch dieses bekleckst war.

Seit die Tinte vom Schreibwarenhersteller aus dem Faß in Patronen, Kugelschreiberminen und Tintenstrahldrucker umgefüllt wird, habe ich saubere Hände und kein Löschblatt mehr nötig. Vielleicht kleckse ich aber doch ein wenig auf meine Liste. Wer glaubt schon an die unbekleckste Empfängnis?

Tintenfaß, das: *kleines, Tinte enthaltendes Gefäß, das bes. beim Schreiben mit Feder u. Tinte benutzt wird*

Füllfederhalter, der: *Schreibgerät mit eigenem, nachfüllbarem Tintenvorrat*

Löschpapier, das: *ungeleimtes, saugfähiges Papier zum Trocknen von Tinte*

Damals hinterm Mond

»Liebe Leute, laßt euch sagen: Die Uhr hat zwölf geschlagen!« Zöge heute jemand nachts durch die Straßen, um lauthals Mitternacht zu verkünden, man würde ihn wegen Ruhestörung anzeigen. Dabei waltete der Nachtwächter noch bis in die zweite Hälfte des zwanzigsten Jahrhunderts offiziell seines Amtes. Nach Einbruch der Dunkelheit lief er durchs Dorf oder durch die Kleinstadt, jederzeit bereit, bei Überfällen oder Bränden Alarm zu schlagen.

Wir hatten einen Nachtwächter in der Familie. Er hieß August, stammte aus dem Heidedörfchen Krina und soll genuschelt haben. Ich stellte ihn mir als einen Mann mit Mantel, Schlafmütze und Laterne vor. In meiner kindlichen Phantasie trug August auch noch eine Wäschestütze über der Schulter, denn *in Kriene*, behauptete mein Großvater, schoben sie den Mond mit der Stange.

In Wahrheit hatte August weder Zipfelmütze noch Laterne, nur ein uraltes, verbeultes Jagdhorn. Als Schäfer verbrachte er die meiste Zeit auf der Weide. Nachts tappte er mit der Taschenlampe durchs Dorf, behielt die Kirchturmuhr im Auge und blies zu jeder vollen Stunde. Horch, unse Augusts Tute tat tuten! Urgroßmutter konnte beruhigt einschlafen. Solange August in M. umging, blieb der Ort von größeren Katastrophen verschont. Während der letzten Kriegsmonate achtete August streng darauf, daß nachts die Fenster verdunkelt wurden. Später betätigte er sich auch als Ausrufer. Er fuhr mit dem Fahrrad von einem Dorfende zum anderen und stieß von Zeit zu Zeit in sein Horn, um die Ankunft der Dreschmaschine, eine Hochzeit, eine Taufe oder die Ausgabe der Lebensmittelkarten zu verkünden. Längere Bekanntmachungen gingen im Nuschelton unter.

Tuten-August starb vor meiner Geburt. Als Kind wurde ich in Moskau mit einer ganz anderen Art von Nachtwächtern konfrontiert. Ich hatte großen Respekt vor den *Babuschkas*, die unser Hochhaus bewachten. Die alten, runzeligen Frauen mit ihren grauen Kopftüchern, Mänteln und Filzstiefeln hockten wie Mumien im Verschlag neben dem Fahrstuhl und paßten auf, daß sich kein Vagabund auf den Dachboden schlich. Das war in den frühen sechziger Jahren. Vermutlich belauern die Babuschkas den Lift noch heute, obwohl dieser, schon damals äußerst klapprig, sicher längst seinen Geist aufgegeben hat. Und was ist aus den *Deschurnajas*

geworden, jenen weitaus jüngeren und freundlicheren Etagenfrauen, die in den sowjetischen Interhotels die Tag- und Nachtwache hielten? Die Damen haben nicht nur Tee gekocht, sondern gegen ein entsprechendes Trinkgeld auch Bier herangeschafft und sollen sogar Straßenmädchen besorgt und über all dies und noch einiges andere gewissenhaft Buch geführt haben.

In den siebziger und achtziger Jahren verschwand der Nachtwächter aus meinem Gesichtskreis. Gelegentlich sah ich noch einen in einem Betrieb, wo er die Pforte oder das Materiallager bewachte. Zumeist hatte er sich mit Thermoskanne und Brotbüchse in seinem hell erleuchteten Kabuff verschanzt, war in ein Buch vertieft oder guckte Fernsehen. Ein Kommilitone von mir besserte sich so sein Stipendium auf. Nachts büffelte er, und bei Tag lief er mit dunklen Augenringen umher und schlief in den Vorlesungen ein. Nein, die Nachtwächter sind nicht entschlafen, sie haben nur ein Nikkerchen gemacht. Jetzt tauchen sie plötzlich in größerer Zahl und veränderter Gestalt wieder auf. Als Angestellte privater Wachdienste laufen sie zu zweit oder mit einem Hund an der Leine Streife, fahren in der U- und S-Bahn mit und nuscheln in ihre Walkie-Talkies. Der neumodische Nachtwächter trägt schnittige, dunkle Uniform, Knüppel und Barett und hat den scharfen Wir-sorgen-für-Ordnung-Blick.

144

Ach du lieber Augustin, wo bist du hin ... Manchmal geschehen noch Zeichen und Wunder. Eines Nachts um zwei piept plötzlich mein Handy, und auf dem Display erscheinen die Worte: Du mußt jetzt die Uhr auf Winterzeit umstellen! Deine Anna-Augustina.

Nachtwächter, der: *in Gemeinden u. kleineren Städten angestellter Wächter, der während der Nacht in den Straßen für Ruhe sorgt u. rufend od. singend die einzelnen Stunden verkündet*

   Ausrufer, der: *jmd., der öffentliche Bekanntmachungen ausruft*

Heidekraut im See

Als Urgroßmutter nicht mehr laufen konnte, legten wir ein Brett quer über den zweirädrigen, luftbereiften Karren, hievten sie darauf und schoben sie durchs Dorf. Die alte Frau staunte, wenn sie hier oder dort eine kleine Veränderung bemerkte. Manchmal ritten mein Bruder und ich als ihre Kundschafter auf unseren Fahrrädern aus. Nach unserer Rückkehr wurden wir von Urgroßmutter nach Einzelheiten befragt: Ist denn der Oberschte Teich noch full? Steht denn das alte Forschthaus noch? Hamse etwa den Krinaer Doppelbusch ooch schon fortjebachert?

Von ihrem Fenster aus hörte sie Tag und Nacht das Schürfen und Quietschen der Kettenbagger, das Hupen der rangierenden Züge. Ihr Gesicht verfinsterte sich, als wir das Verschwinden des *Luitgenblattes* meldeten, eines nahen Wäldchens mit einer Birkenallee, durch die Urgroßmutter als junges Mädchen oft gelaufen war. Ihre Miene verriet Skepsis: Konnte etwas verschwinden, das in ihrer Erinnerung fest verwurzelt war? Wie hätte sie wohl reagiert, wäre sie noch Zeugin geworden, wie eines

Tages die Mulde umgeleitet und im ausgekohlten Tagebau angestaut wurde? Ein See, wo immer nur Sand und
Heide war! Urgroßmutter hätte argwöhnisch auf die
sich kräuselnde Wasserfläche gestarrt und tief unten,
auf dem Grunde des Sees, noch Fichten, Birken und
Heidekraut erblickt.

Es gibt nicht nur Dinge und Gewohnheiten, sondern
auch Landschaften und Orte, die vom Verschwinden
bedroht sind. Zum Beispiel M., jenes Dorf mit etwas
mehr als tausend Einwohnern, in dem ich den größten
Teil meiner Kindheit verbracht habe. In den sechziger
Jahren sollte es wie noch einige andere Ortschaften im
Halle-Leipziger Braunkohlerevier den Tagebauen wei-
chen. Zum Glück versank M. nur im Dreck. Noch in
den achtziger Jahren bekamen die Einwohner die Folgen der Auskohlung zu spüren. Wehte der Wind von
den Restlöchern her, blies er schwarze Staubwolken ins
Dorf; schlagartig verdüsterte sich der Himmel, und die
Autos mußten mit Licht und im Schrittempo fahren.
Meine Großeltern ertrugen diese Wetterschläge mit sto-
ischer Gelassenheit. Es wird finschter, verkündete Großmutter und ließ im ganzen Haus die Jalousien herunter.
Sobald der Wind sich gelegt hatte, zog sie diese wieder
hoch und fegte ein Kehrblech voll Kohlenstaub von
den Fenstersimsen. Jahrzehntelang konnten sich die
Dorfbewohner gegen die Umweltverschmutzung nicht

wehren. Erst 1990, als der längst stillgelegte Tagebau noch zur Bernsteinförderung trocken gehalten wurde, sandte die Gemeinde ein Protestschreiben an Hans Modrow, den letzten DDR-Ministerpräsidenten.

Nach dem Tod meiner Großeltern habe ich einen Bogen um M. gemacht, ich wollte das Dorf so in Erinnerung behalten, wie es zu ihren Lebzeiten gewesen war. Doch eines Tages erhielt ich eine Einladung: M. sei jetzt Europäisches Buchdorf, und ich solle dort lesen. Ich fuhr hin und erkannte die Gegend kaum wieder. Am Muldestausee war ein Wäldchen gewachsen, auf dem Wasser segelten Jachten, und auch der Bitterfelder Tagebau, die *Goitzsche*, wurde bereits geflutet. Kaum noch Schmutz. Die Heimat hatte sich schön gemacht, doch die meisten Dorfbewohner waren jetzt arbeitslos oder Rentner. Im ehemaligen Konsum gab es nur geistige Kost, auch beim Bäcker, im Schulhaus, im Gemeindeamt und sogar in der alten Schmiede wurden Bücher feilgeboten. Der Gastwirt, bei dem ich mich einquartierte, zeigte mir sein Lesestübchen für die Kinder. M. hatte sich mit dem Nachbardorf zusammengetan und zu einer Mustergemeinde mit vierzehn Antiquariaten gemausert.

Das Haus meiner Großeltern stand noch, aber der neue Eigentümer hatte den Vorgarten mitsamt seinen Birn- und Pflaumenbäumen zum Parkplatz eingeebnet und das Hoftor aus den Angeln gehoben. Anstelle von Scheune und Waschhaus leuchtete fremd die Fassade eines zweiten Eigenheimes. Urgroßmutters Stube hatte einen Vorbau erhalten und diente jetzt als Versicherungsbüro.

Heimatdorf, das: *kleiner Ort, in dem man (geboren u.) aufgewachsen ist od. sich durch ständigen Aufenthalt zu Hause fühlt*

Hörst du, wie ich leide?

»Liebling, sag mir morgen früh noch mal, daß wir glücklich sind ...!« Sag es, doch sag es nicht direkt. Sag es durch die Blume. Sag es mit Musik. Sag es durch die Kassette.

Wann begann eigentlich der Höhenflug der Tonbandkassette, im Westen *Tape* genannt, als klingende Botschafterin der Liebe? Die Tonbandkassette, Jahrgang '63, ist mittlerweile in die Jahre gekommen, doch sie hält sich tapfer. Das in seinem Plastegehäuse von Zahnrädern und Spulen gezogene hauchdünne Magnetband dient eigentlich dem Zweck, Musik aus dem Radio aufzunehmen. Doch im Unterschied zur Schallplatte bietet die Kassette Möglichkeiten zur individuellen Gestaltung: Man kann auf ihr nicht nur seine eigene Hitparade zusammenstellen, sondern mit ihr auch musikalische Grüße verschicken. Das ist eine moderne Form von Minnesang: Der Absender schmückt sich mit fremden Stimmen, wählt Titel und Interpreten aus, überspielt, kombiniert, arrangiert, schafft Harmonie und baut raffinierte Brüche ein.

Nehmen wir an, *er* mixt ein Tape für *sie*. Natürlich will er sie damit berühren, für sich gewinnen und an sich binden. Hexen wäre leichter. Doch beglückt er beim Mixen auch sich selbst. Es sind *seine* Lieblieslieder, die er ihr nahebringen möchte, und seine Gefühle, die er damit verbindet. Wenn er vor Ungeduld nicht den Kopf verliert, kopiert er die Kassette, bevor er sie abschickt. So kann er der fernen Liebsten im Auto, im Garten, im Bett jederzeit nahe sein und sich vorstellen, wie sie seine Botschaft von der Bandschleife aufnimmt: Denkst du an mich? Spürst du meine Sehnsucht? Hörst du, wie ich leide?

Selbstverständlich brauchen Mixtapes Namen. »Geburtstagskassette«, »Genesungskassette« oder »Musik fürs neue Auto« klingt zu unverbindlich. Besser sind poetische Anleihen wie »Liebeslager«, »Septembersongs« oder »Eine kleine Bettmusik«. »Love Letters«, »Selbstporträt« oder »Annas Sommer« suggerieren Geheimnis. Auf Bekenntnisse wie »Dein ist mein ganzes Herz« oder »Nothing Compares To You« sollte man verzichten. Lieber schmeichle er ihr ironisch: »Keiner liebt dich so wie ich«. Durchhaltevermögen (»Lover, Lover, Lover«) und Aktionismus (»Geh zu ihr und laß deinen Drachen steigen«) verfehlen ihre Wirkung nicht. Filmmusik kommt besonders gut an, wenn beide den Streifen gesehen haben. Und beim Mixen stets an die richtige Reihenfolge denken! Zuerst die traurigen, dann die hoffnungsvolleren Lieder, die zuversichtlichen zum Schluß. Der erste Titel sollte Sehnsucht wecken und der letzte möglichst lange nachklingen. Auf keinen Fall darf der Schlußsong mittendrin abbrechen. Und nicht vergessen: Es gibt neben der A- noch eine B-Seite, also nicht gleich alles Pulver auf einmal verschießen!

Warum – diese Frage stellt sich heute – setzt er überhaupt seine ganze Hoffnung auf die Audiokassette und schickt ihr keine selbstgebrannte CD? Weil zu befürchten ist, daß sie auf der CD das, worauf es ihm ankommt, überspringen könnte. Die Kassette kann sie nur hin und her spulen, was sehr umständlich ist; also wird sie nichts auslassen und seine Botschaft bis zum Ende erhören. Apropos Ende: Noch ahnt niemand, woran CDs und DVDs einmal zugrunde gehen werden. Computer leiden unter Viren. Das Leiden der Tonbandkassette ist der Bandsalat. Beginnt die Musik zu leiern, sollte man unverzüglich handeln. Doch anstatt die Kassette herauszunehmen, das auslaufende Band zu glätten und mit dem Fingernagel wieder aufzuspulen, überläßt der Verliebte sich dem leiernden Leiden.

Tonbandkassette, die: *aus einem Plastegehäuse, zwei Spulen, einer Federvorrichtung u. mehreren hundert Metern Magnetband bestehendes Speichersystem für Musik und Sprache*

152

Wenn der Schwan rollt

Immer wenn ich den »Schwanenkönig« von Karat höre, taucht vor mir unser alter Korbkinderwagen wieder auf. Wahrscheinlich entsprangen beide, die Popschnulze und der rollende Schwan, einer romantischen Verklärung. Der Kinderwagen, Baujahr 1957, ähnelte dem Requisit aus einer Wagner-Oper. Er hatte einen runden, dickwandigen Bauch, ein rundes Verdeck und duckte sich auf seinen kleinen Vollgummirädern, als würde er brüten. Alles an ihm war geschwungen, sogar der Bügel der Fußbremse, besonders aber die Schiebestange aus Messing mit breitem Emaillegriff, die wie ein Schwanz wippte. In unserem Familienfotoalbum existieren mindestens zwanzig Aufnahmen von dem Gefährt. Keine einzige ist scharf. Man ahnt, daß ich es bin, der im Kinderwagen liegt. Um jeden Irrtum auszuschließen, hat meine Mutter mit weißer Tinte meinen Namen sowie das jeweilige Alter und Gewicht daneben geschrieben: 3 Wochen – 4630 gr; 6 Wochen – 5650 gr; 8 Wochen – 6560 gr und so weiter. In der neunten Woche fehlt die Gewichtsangabe, vielleicht hatte ich nicht zugenommen. Mit fünf Monaten (9 Kilo) blicke ich jedoch pausbäckig und schon ziemlich selbstbewußt aus meinem Wagen, der auf dem Wäscheplatz vor unserem Mietshaus in Halle steht; das Sonnenverdeck ist abgenommen, es war ein Cabriolet.

Der Luxuswagen hatte 350 *Mark der Deutschen Notenbank* gekostet, und an seiner Beschaffung waren mehrere Leute beteiligt gewesen. Es war Liebe auf den ersten Blick. Meine hochschwangere Mutter hatte die Landluft in M. genossen, als sie den Korbkinderwagen bei einer Nachbarin sah, die Besuch aus Zeitz hatte. Im Bitterfelder Fahrradgeschäft, wo meine Großmutter sofort nachfragte, führte man dieses Modell nicht, und in Leipzig, wo die Familienangehörigen meiner Mutter sämtliche Kaufhäuser nach dem Korbkinderwagen abklapperten, war er nicht mehr vorrätig. Zum Glück entdeckte mein Vater, als er nach Halle zur Martin-Luther-Universität fuhr, den Wagen im Schaufenster eines Kindergeschäfts. Mein Vater leistete eine Anzahlung und durfte das Vorzeigestück nach dem Dekorationswechsel, der vier Tage vor meiner Geburt erfolgte, abholen.

Schon auf der *Jungfernfahrt* gab es Probleme. Die Hersteller hatten an alles, nur nicht an den Omnibus gedacht. Der Korbkinderwagen paßte nicht durch die Bustür. Man mußte ihn in den Anhänger heben, wo die Türe etwas breiter war. Viele, doch längst nicht alle Omnibusse verkehrten damals mit Hänger. Und auch dort hatte in der Regel nur ein Kinderwagen Platz, so daß die busfahrenden Mütter untereinander in Streit gerieten. Mit einem leeren Kinderwagen hätte mein Vater keine Chance gehabt. Also fuhr er im Gepäckabteil des Zuges und stieg schon eine Station vor Bitterfeld aus. Vom Bahnhof Muldenstein rollte er den Korbkinderwagen über die Dörfer nach M., wo das Schmuckstück im Waschhaus meiner Ankunft harrte.

So wurde ich in eine Kinderwagenkindheit de luxe hineingeboren. Im Korbkinderwagen lag ich warm, sicher und bequem und hatte genügend Platz zum Strampeln. Nur mit der Federung haperte es, besonders wenn der Wagen über Kopfsteinpflaster huckelte. Schob meine Mutter mich am Saaleufer entlang, spürte ich die Welt an mir vorübergleiten. Die Welt? Ich sah das geflochtene Korbdach, den Mantel, die Brille und die Dauerwelle meiner Mutter. Die letzte Korbkinderwagenaufnahme zeigt mich sitzend mit Schirmmütze und überkreuzten Hosenträgern beim Schwänefüttern. Meine Mutter hat die Altersangabe weggelassen und nur noch mein Gewicht vermerkt: 18,3 Kilo. Vermutlich konnte ich längst laufen.

»Wenn ein Schwan stirbt, lauschen die Tiere«, singt

Karat, und: »Es ist ein Schwanenkönig, der in Liebe geht«. Mein Korbkinderwagen ist sang- und klanglos auf dem Dachboden verstaubt.

Korbkinderwagen, der: *formschöner vierrädriger Wagen zum Schieben mit geflochtenen Wänden u. von beträchtlichem Gewicht, in dem ein Säugling od. Kleinkind ausgefahren wird*

Mangelwirtschaft

Manchmal unterbreche ich meine Lesung und frage die Zuhörer, welche Gegenstände sie vermissen. Ältere Männer durchforsten ihr Gedächtnis nach Kuriositäten und nennen Autowinker, Sockenhalter, Ohrenklappen oder Zylinder. Die häufigste Antwort der Frauen – auch hier sind es meist reifere Jahrgänge – lautet: das Waschbrett. Dabei sprechen sie das robuste Wort mit einer gewissen Zärtlichkeit aus; wahrscheinlich haben sie sich so viele Jahre die Hände am Waschbrett wundgerieben, daß sie nun mit einer gewissen Haßliebe an das Marterinstrument denken.

Meine Windeln wurden nach dem Kochen auf dem Waschbrett geschrubbt, ebenso die Bettwäsche, Unterhosen, Hemdchen, Pullover, Trainingshosen, Kniestrümpfe. Das Waschbrett stand auf zwei Holzbeinen in einem Bottich, der mit Lauge gefüllt war, und dahinter stand meine Mutter, krumm, mit hochrotem Kopf, und verrenkte sich Arme und Schultern. Bei starken Verschmutzungen nahm sie die Handbürste zu Hilfe. Wäschewaschen war Knochenarbeit und ließ sich nicht ne-

158

benbei erledigen, zumal die Wäsche mehrmals in der Badewanne gespült, danach ausgewrungen und zum Trocknen auf dem Dachboden unseres Hauses aufgehängt werden mußte. Für große Wäsche ging ein ganzer Tag drauf, der Waschtag.

War die Wäsche trocken, wurde sie gemangelt. Die Mangel, bestehend aus zwei Holzwalzen und einer Handkurbel, stand auf dem Dachboden des Nachbarhauses. Meine Mutter stieg mit dem Wäschekorb unterm Arm die Treppe hinauf, ich zog meinen Holzroller nach. Während meine Mutter kurbelte, kurvte ich um sie herum. Niemand, nicht einmal meine Mutter, kann mir erklären, warum die gestärkte, pappsteife Wäsche auch noch gewalzt werden muß. Als Student habe ich meine Hemden stets tropfnaß aufgehängt, so erspare ich mir das Bügeln. Noch immer achte ich darauf, daß mir nur bügelfreie Hemden ins Haus kommen, und ich benötige auch keine glatte Bettwäsche. Aber ich kann verstehen, daß die hartgesottenste Hausfrau heute angesichts der tollen Angebote in den Versandkatalogen weich wird. Das reinste Bügelparadies! Im Vergleich zur Mangelwirtschaft vor vierzig Jahren ist das Bügeln mit einer Dampfbügelstation (Dampfdruck drei bar, Wassertank 1,5 Liter) oder einer Dampfbügelpresse (Bügelfläche so groß wie zehn Bügeleisen, automatischer Anpreßdruck, Superdampfstoß) ein Kinderspiel, vorausgesetzt, man wühlt sich zuvor durch die hundert Seiten starke Bedienungsanleitung.

Ich gehöre zur Generation WM 66. So hieß die erste Schwarzenberger Wellradwaschmaschine mit Laugenpumpe, mit der man auch einwecken konnte. Ihr Gehäuse war unverwüstlich, und das Wasser ließ sich darin bis hundert Grad aufheizen. Zum Anheben des Deckels war dann ein Topflappen erforderlich. Beim Abpumpen mußte man darauf achten, daß das steife, gekrümmte Schlauchende nicht aus dem Waschbecken rutschte. Man mag über die kleine Weltmeisterin aus dem Erzgebirge erzählen, was man will, in der Not war auf sie Verlaß. 1990 hat sie uns in China von der Handwäsche befreit. Wir hausten seit Monaten mit unserem fünfjährigen Sohn in einem Gästezimmer der Nanjinger Universität, ohne Küche und ohne Gelegenheit zum Wäschewaschen, als uns der Generalkonsul besuchte und Hilfe anbot. Er hätte im Konsulat noch eine WM 66, die niemand benutze. Wir sind nach Shanghai gefahren und haben das zentnerschwere Gerät von dort nach Nanjing transportiert, dreihundert Kilometer mit dem Zug, das letzte Stück mit der Rikscha. Als wir die Waschmaschine in Betrieb nehmen wollten, paßte der Stecker nicht. Als ich einen chinesischen Stecker montiert hatte, gingen im Wohnheim die Lichter aus. Sofort erschien der Sicherheitsbeauftragte der Universität

und fragte, ob wir verbotenerweise eine Waschmaschine angeschlossen hätten. Wir verneinten und pro-
bierten es eine Stunde später noch einmal. Wieder
flogen die Sicherungen raus, und wieder klopfte der
Mann, doch wir ließen ihn nicht ins Bad. Von unserem
amerikanischen Nachbarn erfuhren wir, daß fast alle
Bewohner des Ausländerwohnheims heimlich Wasch-
maschinen betrieben, und sobald zwei Geräte gleichzei-
tig liefen, brach das Stromnetz zusammen. Wir haben
uns mit den anderen Parteien abgestimmt und meist in
der Nacht gewaschen. Auch, um unseren Sohn nicht zu

gefährden. Aus irgendeinem Grund stand während des Aufheizens das Waschmaschinengehäuse unter Spannung.

Waschbrett, das: *in einen Holzrahmen gespanntes, gewelltes Blech, auf dem die Wäsche kräftig gerieben wird; in selteneren Fällen findet es auch als Rhythmusinstrument beim Jazz, Blues u. Folk Verwendung*

Mangel, die: *(mhd. mange = Glättpresse, deren Walzen mit Steinen beschwert wurden): größeres Gerät, in dem die Wäsche zwischen zwei rollenden Walzen geglättet wird*

Zeitbombe am Bett

Jahrzehntelang war er das Objekt meines morgendlichen Hasses. Er hat mich aus tiefem Schlummer und aus süßen Träumen gerissen. Sein schrillendes, schepperndes, hämmerndes Signal ist nur mit dem langgezogenen Pfiff des UvD, des Unteroffiziers vom Dienst, in der Kaserne zu vergleichen. Ich kann bis heute nicht glauben, daß es Schläfer geben soll, die aus Furcht, sein Klingeln zu überhören, den Wecker auf eine Untertasse stellen. Klingeln? Ein Wecker klingelt nicht, er rasselt! Und ein auf der Untertasse hüpfender, rasselnder Wecker tötet die Lebenden und weckt Tote wieder auf.

Ich rede hier nicht von melodischen Quarz- und summenden Funkuhren, sondern von meinem proletarischen Wecker mit traditionellem Federantrieb. Der Kumpel war grün und rund, ruhte auf zwei Beinen und seinem Hinterteil und hatte zwei Glocken auf dem Buckel, zwischen denen der Klöppel aus dem Gehäuse ragte. Ein Klöppelchen – was für ein winziges, unschuldig dreinschauendes Teil! Man sah dem

Wecker die Grausamkeit nicht an. Dabei war er eine Bombe mit Zeitzünder, die man am Abend auch noch eigenhändig scharf machte und die einem frühmorgens den Schädel sprengte. Man muß schon Bohumil Hrabal heißen und ein Dichter sein, um dem Wecker etwas Erotisches abzugewinnen. »Schon im voraus«, schreibt der Tscheche Hrabal, »kenne ich die erste mechanische Bewegung meiner Hand zum Wecker, ich greife ihm verschlafen zwischen die Beine, um das Klingeln seiner Nickelhoden zu stoppen ...« Moment, steht bei Hrabal die Welt am Morgen kopf oder trägt sein Schwejkscher Wecker tatsächlich die Glocken zwischen den Beinen?

Was die Mechanik betrifft, stimme ich Hrabal zu. Es gab eine Chance, das Gerassel zu unterbinden. Dazu mußte man mit dem Finger jenes Hebelchen treffen, dessen Funktion es war, das rasende Klöppelchen zu stoppen und festzuklemmen. Schaffte man es nicht, weil man entweder schlaftrunken oder die Schraube zu locker war, blieb noch die Flucht nach vorn: Schnell den Klingelzeiger ein Stück weiter drehen, und man war aus der Alarmzone. Welch eine Stille! Ermattet von der gewonnenen Schlacht, sank man aufs Kissen zurück und schlief wieder ein ...

Freilich drohte auch dann ein böses Erwachen, wenn man vergessen hatte, das Uhrwerk am Abend aufzuziehen. Irgendwann in der Nacht blieben die Zeiger stehen. Oder man hatte nur das Uhrwerk aufgezogen, nicht jedoch die Glocke, so daß das Klöppelchen zur Weckzeit, statt zu rasen, nur einmal lustlos zuckte.

Die kleinen Unvollkommenheiten verzeihe ich meinem Wecker. Ich liebe sein Schnarren beim Aufziehen. Ich liebe das Phosphorgrün seiner Zeiger und Ziffern, die ich früher vorm Schlafengehen unter die Lampe hielt, damit sie noch eine Weile im Dunkeln leuchteten. Funkuhren bleiben niemals stehen, sie gehen immer exakt und wechseln selbständig zwischen Sommer- und Winterzeit. Sie zeigen das Datum und die

Raumtemperatur an. Doch sie ticken nicht, hacken nicht die Sekunden. Mechanische Uhren sind auf unerklärliche Weise mit uns Menschen verbunden. Wenn eine Explosion das Haus verwüstet, erstarren sie vor Schreck, und ihre Zeiger bleiben genau in jenem Moment stehen, da der Besitzer seine Seele aushaucht. Gleicht der Kreis des Ziffernblatts nicht unserem Lebenskreis? Und spenden die Zeiger, indem sie gleichmütig ihre Runden ziehen, nicht auch Trost? Jeden Augenblick kann unfaßbares Glück über uns hereinbrechen, oder ein Unglück wirft uns aus der Bahn. Tick weiter, Wahnsinnswecker! Nur in den Wonnestunden laß ich mir nicht die Sekunden vorzählen, da mußt du verschwinden. Dorthin, wo man dich weder sieht noch hört: auf den Balkon, in den Kleiderschrank, am besten ins Tiefkühlfach.

Wecker, der: *mechanische Uhr zum Wecken, die aufgezogen werden muß u. zu einer vorher eingestellten Zeit läutet, klingelt od. schrillt*

Sparbüchse vorm Bauch

»Noch jemand ohne Fahrschein ...?« Lange habe ich sie vor mir hergeschoben, die kleine, schwenkbare Kasse, die der Straßenbahn- und Omnibusschaffner am Leibe trug. Jetzt endlich ist sie an der Reihe. Auch wenn sie seit Jahrzehnten im öffentlichen Nahverkehr nicht mehr benutzt wird, muß ich die Schaffnertasche nicht auf meine Liste setzen. Ich habe sie wiedergetroffen; ein gut erhaltenes Exemplar hat seinen Ehrenplatz an der Wand neben der Flurgarderobe einer Berliner Bekannten.

Die Tasche war das heimliche Objekt meiner Begierde. Sooft ich als Kind mit der Straßenbahn fuhr, immer hielt ich mich in der Nähe des Schaffners auf. Seine Uniform, oder genauer gesagt: die Kasse, zog mich magisch an. War es noch Spieltrieb oder schon die Erotik des Geldes? Die Schaffnertasche hatte ein ledernes Maul für die Scheine und mehrere nebeneinander angeordnete Blechröhrchen für das Kleingeld. Oben warf der Schaffner die Münzen ein und unten zapfte er sie wieder ab. Er brauchte nur mit dem Zeigefinger auf die entsprechenden Hebelchen zu tippen, und das Wechselgeld klimperte ihm in die hohle Hand. Es sah aus, als würde er seine Sparbüchse melken. Durch senkrechte Schlitze in den Blechröhrchen konnte ich sehen, wieviel drin war.

Du kannst sie ruhig anfassen, sagt meine Bekannte.

Ich stehe vor ihrer Garderobe und starre gedankenverloren zur Tasche hinauf. Ich weiß nicht, wie lange schon. Wahrscheinlich denkt die Frau, ich meditiere. Meine Bekannte heißt Kirsten, und die Schaffnertasche ist ein Erbstück ihrer Mutter, die 1959 für ein Jahr als Straßenbahnschaffnerin im Stadtbezirk Berlin-Friedrichshain gearbeitet hatte, ehe sie sich zur Triebwagenführerin qualifizierte.

Die Schaffnerinnentochter nimmt das Relikt für mich vom Nagel, und zum ersten Mal berühren meine Finger Leib und Hülle der Tragekasse. Die Schaffnertasche ist viel kleiner als in meiner Erinnerung und leicht gewölbt, sie wiegt auch ohne Münzen beträchtlich. Das Leder, mit dem sie sich an Bauch und Hüfte der Schaffnerin rieb, glänzt speckig. Alle Teile sind sorgfältig genietet, selbst der Trageriemen, der sehr kurz eingestellt ist. Die Hebelchen werden durch Spiralfedern gespannt. Auf Knopfdruck gibt das Ledermaul sein Innenleben preis.

Meine Bekannte schaut mir lächelnd zu. Wieso besteht die Handkasse nur aus vier Röhrchen? Eins für die

Fünfer, eins für die Groschen, eins für die Fuffziger, eins für die Markstücken ... Und die Pfennige? Wohin gehörten die Pfennige? Wer den Pfennig nicht ehrt, ist den Groschen nicht wert! War das schmalste Röhrchen etwa für die Pfennige, und der Schaffner nahm keine Fünfer? Oder wurden die Mark- und Zweimarkstücken in einem der Lederfächer gesammelt?

Kirsten zuckt die Schultern. Willst du einen Kaffee? Oder lieber Tee?

Ich versuche dem Rätsel auf den Grund zu gehen, indem ich die Röhren mit Münzen fülle. Leider habe ich

keine Pfennige, nur Cents. Und natürlich besitze ich auch kein Markstück mehr, nur noch Euro. Die Cents passen überall hinein und fallen auf Hebeldruck unten wieder heraus. Nicht so der Euro. Ist der Euro breiter als die DDR-Mark? Er paßt in das breiteste Röhrchen und rutscht nach unten, doch er kommt nicht wieder heraus. Da hilft kein Rütteln und Schütteln. Als ich die Tasche umkippe, legen sich winzige Metallklappen vor die Einwurfschlitze, eine Art Ausschüttsperre.

Ja dann, sagt meine Bekannte, irritiert, vielleicht auch ein wenig enttäuscht darüber, wie innig ich mich mit ihrer Tasche beschäftige, und läßt uns allein. Kirsten hat übrigens schöne lange, rote Haare.

Schaffnertasche, die: *kleine Kasse zum Umhängen, die von Straßenbahn- u. Omnibusschaffnern getragen wird*

Auf zum letzten Gefecht!

Das Bleigießen hatte bei meinen Großeltern Tradition, doch fand es nicht zu Silvester statt. Sie begannen damit schon in den ersten Dezemberwochen. Gegossen wurde auch nicht in kaltes Wasser, sondern in eine feste, verschraubbare Form, und heraus kamen keine Orakel, sondern Soldaten Seiner Majestät des Kaisers. Die *Kaiserlichen* – Infanteristen mit Pickelhaube und Tornister, stehend oder kniend und jeweils mit angelegtem Gewehr – wurden von leichter Kavallerie unterstützt; berittene Ulanen sprengten mit dem Speer voran auf den imaginären Feind zu.

Die beiden Doppelformen hatte sich mein Großvater erstmals 1938 von Bekannten im Dorf geborgt, seine Soldatenschmiede arbeitete spätabends. Ein Bleiklumpen wurde in einer Schöpfkelle in der Glut des Küchenherds erhitzt und das flüssige Blei sodann durch zwei Eingußlöcher in die Form verfüllt. Während der Sohn schlief, schmirgelte Großvater die frisch gebackenen Rekruten mit Sandpapier ab, und Großmutter verlieh ihren Uniformen mit dem Pinsel Farbe: Stiefel schwarz,

Rock feldgrau, Gesicht und Hände rosa, Gewehrkolben braun. Am Heiligabend stand die erste Abteilung der Armee gefechtsbereit auf dem Wohnzimmertisch – mein Vater, gerade sieben Jahre alt, machte große Augen.

Nicht, daß wir eine militaristische Familie wären. Unter meinen Vorfahren findet sich kein Vertreter des preußischen oder sächsischen Offiziersadels. Beide Urgroßväter väterlicherseits wurden zwangsweise rekrutiert; der eine kehrte vom Rußlandfeldzug mit einer schweren Tuberkulose zurück und ging elendig zugrunde, der andere desertierte 1918. Mein Großvater stellte während des Zweiten Weltkriegs in einem Bitterfelder Betrieb Flugzeugteile her, was ihn vor der Einberufung bewahrte. Seine Brüder wurden an die Ostfront geschickt; der ältere verlor durch eine Granate ein Bein, der jüngste ist bei Kursk verschollen. Mein Vater war kurze Zeit beim *Jungvolk*; während einer Feldübung bei Bad Düben hat er vor Angst in die Hosen gemacht. Mein Bruder wurde wegen seiner Sehschwäche aus der *Nationalen Volksarmee* ausgemustert. Ich erlitt bei der ersten Schießübung ein *Lärmtrauma* und habe es nur bis zum Gefreiten gebracht.

Doch als Kind war ich General und befehligte Vaters Bleisoldaten. Ich ließ sie, ein Heer von zweihundert Mann, im Hof antreten, im Gras anschleichen und sich im Sand eingraben. Ihre Uniformfarben hatten sie längst eingebüßt. Als Stützpunkte dienten eine Burg mit Zugbrücke und ein schwenkbarer Panzerturm, dessen Geschütz auf Hebeldruck hervorkam und mit Zündplättchen und Gummipfropfen geladen wurde. Meistens drehten die Kanoniere Däumchen, weil es in der DDR fast nie Zündplättchen zu kaufen gab. Ein Holzlaster mit einer hölzernen NVA-Kanone, die graue Holzstifte verschoß, war kein Ersatz, zumal die Schützen in Sitzhaltung und mit einem Stütznagel im Hintern zum Sturmangriff nicht taugten. Ich weiß nicht mehr, wie das letzte Gefecht ausgegangen ist. Vielleicht haben die Ulanen gemeutert und die Kaiserlichen in die Flucht geschlagen. Oder es gab einen Friedensvertrag

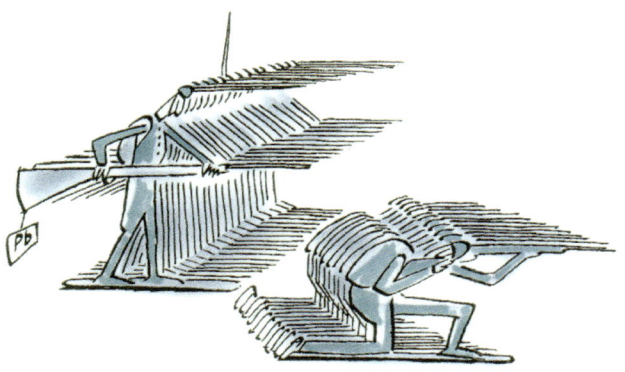

mit den ebenfalls in einer Form gebackenen Indianern. Die Bleikrieger sind nach und nach im Sand, in den Mauerritzen und auf dem Stallboden verschwunden; die Holzkanoniere wurden vom Hund angefressen.

Für kurze Zeit war ich noch Häuptling eines kleinen Stammes von Kunststoffindianern mit Gummispeeren, -tomahawks und -messern und kommandierte eine Horde ebenso elastischer Cowboys, Trapper genannt, deren Gewehrläufe sich bogen. Die Rothäute und Bleichgesichter standen sich im Glasschrank in meinem Kinderzimmer gegenüber, bis der Sohn unserer Nachbarn, der ein paar Jahre älter war als ich, sie mir abnahm. Er gab mir einen Stapel Streichholzschachtel-Etiketten dafür, und von meinen Eltern erhielt ich, weil ich mein teures Spielzeug verscherbelt hatte, eine Woche Stubenarrest.

Bleisoldaten, die: *billiges, wetterfestes Kriegsspielzeug, das aus geschmolzenem Blei in einer Form gegossen u. bunt angemalt wird*

174

Sofakino

Wo ist sie hin, die Magie, die von einem weißen Laken, das vor den Stubenschrank gehängt und mit der Uhr sowie zwei Bücherstapeln beschwert wurde, und einer simplen Lichtquelle ausging? Wir saßen nebeneinander auf dem Sofa und starrten auf die Bilder, die die Kinowelt bedeuteten – eine leicht wellige, doch bezaubernde Welt, durch die sich wie ein Riß die Bügelfalte des Betttuchs zog. Ein Ungeheuer brach aus dem Gestrüpp im verwunschenen Schloßgarten, während mein Vater im Schein der Projektionslampe vom Zettel ablas: »Wovon soll ich satt sein? Ich sprang nur über Gräbelein und fand kein einzig Blättelein: meh! meh!«

Aber das ist doch gar nicht »Tischchendeckdich«, sondern »Die feuerrote Blume«! protestierte ich.

Macht mal das große Licht an, forderte die Stimme meines Vaters. Sofort verblaßten die Blumen, und die Augen des Untiers funkelten weniger furchterregend. Auf dem Tisch verstreut lagen kleine, bedruckte Pappwürfel, deren Deckel nacheinander gelüftet wurden. Filmröllchen und Faltblätter fielen heraus. Jemand hätte den Text vertauscht, beschwerte sich mein Vater, der sich als *Filmvorführer* wieder schlecht vorbereitet hatte.

Die Panne war rasch behoben, Standbild folgte nun auf Standbild, und die Verse kannten wir ohnehin auswendig. An einem Abend wurden bis zu zehn Diastreifen, *Imago Strahlbildbänder 24 mal 36 Millimeter*, durch den Apparat gezogen: die bekanntesten Märchen der Brüder Grimm und von Hans Christian Andersen sowie Alltagsabenteuer aus dem Bärenleben – Teddy in der Schule, auf Schlittenfahrt, im Straßenverkehr. Als Projektionsgerät diente ein Kleinbildwerfer vom Typ *Pouva Magica*, der mit seinem halbrunden schwarzen Plastegehäuse und langen nasenartigen Objektiv an Pinocchio erinnerte. Das Stromkabel ragte ihm oben aus dem Kopf, und die Nase, an der die beiden Filmspulen befestigt waren, ließ sich beim Scharfstellen noch weiter verlängern sowie je nach Bildformat vertikal und senkrecht drehen und zum Einlegen des Films nach unten abklappen. Als Lichtquelle genügte Pinocchio eine Glühlampe von hundert Watt.

Mit meiner Schmalfilmkamera sorgte ich Jahre später dafür, daß die Bilder im Sofakino laufen lernten. Manchmal schlurften sie, manchmal begannen sie während der Vorführung zu rennen, so daß die Begleitmusik, die von einem Spulentonband kam, nie ganz synchron mitlief. Laute Musik war notwendig, um den Schmalfilmprojektor zu übertönen, dessen Motor einen Höllenlärm erzeugte.

Filmen hatte den Reiz des Ungewissen. Der einmal belichtete Film ließ sich in der Kamera nicht zurückspulen und auf keinem Display betrachten, er verbarg sich im Dunkeln. Erst wenn der entwickelte Streifen in einer Papiertüte aus dem DEFA-Kopierwerk zurückkehrte, gab er sein Geheimnis preis. Nun wurde geschnitten und neu zusammengeklebt, bis kleine Amateurkunstwerke entstanden. Ich hatte eine Schnitttechnik entwickelt, mit der ich sogar Titel- und Trickaufnahmen improvisierte. Leider fand ich kein Mittel gegen den Filmriß. Die Klebestellen hielten nur eine bestimmte Zeit, was am *Filmkitt* lag, der stark roch, aber nur schwach klebte. Zwei, drei Filmrisse pro Rolle waren die Norm. Während der Vorführung behielt ich eine Hand am Lichtschalter. Mußte es schnell weitergehen, spulte ich die losen Enden einfach auf; war keine Eile geboten, spannte ich sie während der Filmrißpause in die Klebepresse ein. Der Film riß immer wieder an derselben Stelle. Da vor dem Kleben jedesmal einige Bilder weggeschnitten wurden, schrumpfte die Szene mit der Zeit, bis nur noch eine Sentenz von ihr übrig war.

Den Filmriß gab es übrigens auch im richtigen Kino, was entweder an den schlechten Kopien oder an der veralteten Technik lag. Riß der Film während einer Bettszene mit Claudia Cardinale, konnte es im Saal zu Tumulten kommen. Ähnlich reagierte das Publikum auf Unterbrechungen bei Filmen mit Jane Fonda. Ich erinnere mich an eine Vorstellung von »Cat Ballou«, während der immer wieder das Licht anging. In der dritten Zwangspause riß den Zuschauern der Geduldsfaden, und der Filmvorführer mußte unter Polizeischutz nach Hause gebracht werden. Einige der erbosten Kinogänger wollten den Untertitel des Streifens, »Hängen sollst du in Wyoming«, wörtlich nehmen.

Kleinbildwerfer, der: *mit einer Glühlampe betriebenes Pro-jektionsgerät, durch das Bild für Bild eine Filmrolle mit Schwarzweiß- oder Farb-Positiven gezogen wird*

Schmalfilmkamera, die: *für Hobbyfilmer erschwingliche, von Batterie oder Federwerk angetriebene 8-Millimeter-Film-kamera*

Glücksengel und Trauerbote

Guten Morgen, wo ist denn hier der Telegrammschalter? Die Weimarer Postbeamtin sieht mich erstaunt an. Der Telegrammschalter wurde abgeschafft, aber das Telegramm könne ich bei ihr aufgeben, sagt die junge Frau und lächelt plötzlich so einnehmend wie das Konterfei auf dem gelben Prospekt, den sie mir reicht. Ich darf zwischen Mini (bis zehn Worte) und Maxi (bis zu dreißig Worte) sowie vierzehn Schmuckblättern wählen. Mini und Loriot, das macht 18,92 Euro, sagt die Beamtin. Ich spüre, daß sie Mitleid mit mir hat. Können Sie denn nicht anrufen? fragt sie besorgt. Ich tippe auf den Prospekt: »Hochwertig und persönlich überbracht – Ihr ganz besonderer Gruß zu ganz besonderen Anlässen«. Exklusivität hat eben ihren Preis. Ich könne doch auch ein Fax schicken, meint die Frau noch, nimmt dann aber mein ausgefülltes Formular und das Geld entgegen. Sie schaut in der Dienstvorschrift nach, was zu tun ist. Schließlich legt sie das Formular aufs Faxgerät und tippt eine Nummer ein.

Am Abend steige ich auf dem Berliner Ostbahnhof

aus dem Zug. Anna ist nicht auf dem Bahnsteig. Sie sitzt in ihrer Wohnung und ahnt nichts von meiner Ankunft. Hast du denn mein Telegramm nicht bekommen? – Was für ein Telegramm ...?

Mein Schmuckblatt – eine Loriot-Karikatur mit einer Rose im Mund – ist verschollen. Wurde es fehlgeleitet oder nicht ernst genommen? Wann habe ich zum letzten Mal ein Telegramm erhalten? Das muß mindestens zehn Jahre her sein. In einer Zeit, da erst wenige Haushalte über einen Telefonanschluß verfügten, schlugen Telegramme wie der Blitz im Alltag ein. Man kam nach Hause, entdeckte den Aufkleber: »Telegramm im Hausbriefkasten!« und erwartete nichts Gutes. Irgend etwas war passiert. Irgendwer war gestorben. Oder irgend jemand kündigte kurzfristig sein Erscheinen an. Man mußte mit allem rechnen. Es sei denn, man hatte gerade Geburtstag, Jugendweihe, Konfirmation, war Vater geworden oder feierte ein Betriebsjubiläum. Dann war der Telegrammbote willkommen wie der Fleurop-Mann.

Schmuckblätter vom Trauermotiv bis zur fröhlichen Klemke-Karikatur hingen in jedem Postamt neben dem Telegrammschalter aus. Die Wahlmöglichkeiten waren begrenzt, und so verschickten und erhielten wir zu bestimmten Anlässen immer wieder dieselben Motive. Das heißt, verschickt wurde überhaupt nichts. Der Text wurde über Telefon oder per Fernschreiber weitergegeben ...

Ich bin selber Telegrammbote gewesen. Nach dem Abitur hatte ich bis zu meiner Einberufung zum Grundwehrdienst als Briefzusteller gearbeitet und war, als der Eilbote krank wurde, für ihn eingesprungen. Zwei Wochen lang fuhr ich die Telegramme im Post-Trabi aus. Die Texte kamen auf einer Papierrolle aus dem Tikker und wurden von der Telegrafistin abgeschnitten, per Hand gefaltet und mit der Anschrift nach oben in ein Kuvert gesteckt. Ich schaute stündlich vorbei, sortierte die Telegramme nach Straßen und Hausnummern und stellte mir meine Fahrtroute zusammen.

Das Telegrammbündel in der Hand, den Stadtplan auf dem Beifahrersitz ausgebreitet, fuhr, nein, holperte ich durch F., eine preußische Gartenstadt, deren Straßen zumeist Sandwege und schlecht ausgeschildert waren. Ich war Glücksengel und Trauerbote in einer Person. Meist erschraken die Leute bei meinem Auftauchen. Einige brachen nach dem Öffnen des Umschlags in Tränen aus. Andere schenkten mir fünfzig Pfennige oder eine Mark. Es gab viel Grund zur Freude, das konnte ich am Abend an meinem Trinkgeld sehen. Punkt sechs fiel das letzte Telegramm aus dem Ticker, und wenn ich gegen halb sieben von meiner letzten Tour zurückkehrte, war die Telegrafistin schon weg und

das Telegramm lag verwaist auf dem Tisch. Hatte es einen Trauerrand, ließ ich es über Nacht liegen. Der Schmerz durfte warten, doch das Glück schrie danach, ausgefahren zu werden. Also parkte ich den Trabi auf dem Posthof, schwang mich auf mein Fahrrad und radelte, wenn es sein mußte, bis ans andere Ende der Stadt. Einmal erwartete mich, als ich im Dunkeln endlich die richtige Straße und Hausnummer gefunden hatte, die Empfängerin schon ungeduldig an der Gartenpforte.

Wer sind Sie?

Ich bin der Telegrammbote.

Die Frau riß mir das Telegramm aus der Hand, überflog es, las es nochmals, gab mir einen Kuß und umarmte mich so heftig, daß ich kaum noch Luft bekam.

Nein, rief sie. Sie sind ein Engel!

Telegramm, das: *(zu griech. tele u. gráphein = Telefon u. schreiben): per Telefon übermittelte Nachricht; Formular, auf dem der Text des Telegramms ausgedruckt ist*

Wenn ich mal alt bin

»Wenn ich mal alt bin und geh am Stock ...« Vor nicht einmal hundert Jahren gehörte er, wie der vornehme Hut, zum guten Ton. Das heißt, Hut, zumeist Melone oder Zylinder, und Spazierstock gehörten zusammen. Stefan George, Oscar Wilde, Joseph Roth, Tom Wolfe, William Somerset Maugham und andere große Dichter des zwanzigsten Jahrhunderts posieren auf Fotos damit. Bertolt Brecht habe ich nie mit einem Spazierstock gesehen; wie auch, der paßte nicht zu seiner proletarischen Kleidung. Spazierstöcke hatten einen kunstvoll verzierten Griff oder einen kostbaren Knauf. Sie ließen sich schwingen wie ein Zepter. Mit dem Spazierstock wurde gegrüßt, gescharrt, aufgestampft, gedroht, geprügelt, mitunter sogar gemordet. Literarisch zumindest: In Robert Louis Stevensons Erzählung »Der seltsame Fall des Dr. Jekyll und des Mr. Hyde« bringt der zwiegespaltene Held sein erstes Opfer mit dem Spazierstock zur Strecke.

Eine kleine, doch beeindruckende Stocksammlung befindet sich in Erwin Strittmatters altem Arbeitszimmer in Schulzenhof. Der 1994 verstorbene Schriftsteller lebte mit altmodischen Dingen. Als ich 1997 anläßlich einer Reportage einmal in der Kate über dem Pferdestall übernachtete, stöberte ich im Bücherregal, griff nach einer Erstausgabe des *Schulzenhofer Kramkalenders* und stieß darin auf die Beschreibung des Bettes (»ohne Kopfteil und Fußteil«), in dem ich gerade lag. In einer Nische zwischen Tür und Bücherregal entdeckte ich Strittmatters Krück- und Wanderstöcke. Sie weisen allesamt Kerben und Schrammen auf – Zeichen ihrer Nutzung. Henri, der seit vielen Jahren das Anwesen in Ordnung hält, die Pferde versorgt und die *Chefin* chauffiert, erzählte mir von Strittmatters letzten Spaziergängen. Als er nicht mehr reiten konnte, ging der *Alte Schulzenhofer* noch täglich mit dem Hund durch den Wald bis zum See und kehrte durchs Vorwerk zurück. Er hatte seinen Spezialstock dabei, auf den er sich stützte und, wenn die Füße nicht mehr wollten, sogar setzte. Dann rammte er den Stock in den Waldboden, faltete den kleinen, ledernen Sattel auseinander, verschnaufte und machte sich Notizen. Strittmatters Wanderstab mit dem wundertätigen Sattel träumt nun in der Schreibstubenecke.

Auch mein Großvater hatte fürs Alter vorgesorgt. In der Scheune stand ein vom Deutschen Roten Kreuz ausgemusterter Rollstuhl mit Stangenantrieb, und an der Stallwand lehnten drei Stützen: ein Krückstock mit glattem Griff aus edlem Nußholz, ein Wanderstab mit einem Messingschildchen vom letzten Urlaubsort Lauenstein und ein leichtes, schlankes Stöckchen, das er im Garten aus einer Weidenrute geschnitten hatte. Mein Großvater hat seine Stöcke nur kurze Zeit und den Rollstuhl nie benutzt. Eines Tages fiel er um und erwachte im Krankenhausbett, aus dem er nicht mehr aufstand.

Aufgehoben habe ich Großvaters Weidenstock, um den sich eine Familienlegende rankt. Meine Vorfahren sollen im siebten oder achten Jahrhundert aus dem Osten eingewandert sein. Ihr Weg ist gesäumt von Ortschaften slawischen Ursprungs. Ein Fremder, heißt es, habe in M. seine Wanderrute in den Boden gesteckt, und an jener Stelle sei eine mächtige Weide gewachsen.

Ihre Äste hätten sich über Generationen von Forstläufern, Korbmachern, Tischlern, Land- und Ziegeleiarbeitern gestreckt. Ihre Wurzel reiche weit zurück und lasse sich in der Wurzel meines Namens nachweisen.

Spazierstock, der: *Stock mit gekrümmtem Griff od. Knauf, der beim Spaziergang das Gehen erleichtert*

Erinnerung an Friederike F.

Ich habe sie schon so häufig zitiert und trotz ihres hohen Alters und ihrer körperlichen Gebrechen immer wieder in den Zeugenstand bemüht, daß es an der Zeit ist, sie endlich in die Liste der liebenswerten und unverzichtbaren Geschöpfe aufzunehmen: meine Urgroßmutter. Wer lebt heute mit einer Neunzigjährigen unter einem Dach, kann ihren Sprüchen und Seufzern lauschen, ihr beim Möhrenschaben und Stollenbacken zuschauen oder mit ihr *Schummellieschen*, *Häuserkaufen* und *Böse Sieben* spielen?

Als ich geboren wurde, war sie schon achtundsiebzig. Ich kenne sie nicht anders, selbst auf den Fotos, die in einer Kiste überdauerten, finde ich die Züge einer alten Frau. Sie ist für mich nie wirklich jung gewesen. Von Anfang an hieß sie: *die Mutter*. Geh mal zur Mutter, sagte Großmutter und meinte, ich sollte mal nach Urgroßmutter gucken. Tag Mutter, sagte mein Vater, wenn er gebückt in ihre Stube trat, und Urgroßmutter nickte erfreut. Der Mutter schmeckts aber wieder, kommentierte Großvater, wenn mich

Urgroßmutter mit ausgekratztem Teller um Nachschlag schickte.

Sie war die Mutter der Familie. Ihre Geburt muß so lange zurückgelegen haben, daß die alte Frau das Datum verwechselte. Jedenfalls feierten wir immer am neunzehnten Dezember. Erst als sie einmal die amtliche Aufforderung erhielt, ihre Geburtsurkunde vorzulegen, kramte sie das Dokument aus einer Schublade und stellte fest, daß darauf der einundzwanzigste eingetragen war. Es war zufällig der Tag, an dem auch Josef Stalin geboren war.

Mit dreiundneunzig rezitiert sie Schillers *Glocke*, sagt ein paar Bibelverse her und liest im *Neuen Deutschland*. Zwei Düsenjäger donnern übers Dorf, Urgroßmutter blickt ihnen nach, ein wenig verwundert, sie hat das Staunen nie verlernt. Der *Schwellhopser* (Wirsingkohleintopf), klagt sie, schmeckt nicht mehr, das läge an der Schemie. Und auch die Millich ist nicht mehr das, was sie früher einmal war, das käme vom Elektrischen.

Dieses Früher ist für mich unergründbar. Urgroßmutter war die Zweitjüngste von acht Geschwistern. Sie hat ihre Kindheit auf dem Acker und ihre Jugend als Magd auf fremden Höfen verbracht. Sie hat an zwei Häusern mitgebaut, Kühe gemolken, Ställe ausgemistet, Ton gehackt, Bahnschwellen gestopft, Bäume gepflanzt und nebenher vier Kinder großgezogen. Der Erste Weltkrieg nahm ihr den Mann.

190

Zwei Drittel ihres Lebens hat Urgroßmutter als Kriegswitwe verbracht, zuletzt zwischen den wurmstichigen Möbeln ihrer Stube, in der es eigentümlich roch – eine Mischung aus muffiger Luft, Mottenpulver, Salben, Malz, Kamille, Puder und Nachtgeschirr. Ihre Maxime war die Sparsamkeit. Morgens wusch sie sich am Küchenspind über einer weißen Porzellanschüssel, in die sie einen Schwapp kalten Wassers aus dem dazugehörigen Krug goß, und abends saß sie, wenn nicht gänzlich im Dämmerschein, bei schwacher Beleuchtung, weil von den sechs Glühbirnen der Deckenlampe mindestens vier lockergeschraubt waren.

Urgroßmutter war immer da, und sie veränderte sich nicht. Sie blieb stets dieselbe gutmütige, schwerfällige, schwer atmende, füllige alte Frau im braun-weiß karierten Kleid mit schwarzer Kittelschürze. In ihrer Stube strömte die Zeit langsamer als draußen in der Gasse oder im Vorgarten. Möbel, Vasen, Henkeltöpfe und Tassen hielten bei ihr ewig. Es kam vor, daß vorm Fenster die ersten Krokusse blühten und Urgroßmutter eben die zweite Hälfte ihres Weihnachtsstollens anschnitt. Gegenstände wie Hitsche (Fußbank), *Mansch-emmer* (Eimer) oder Behnert (Huckekorb) beharrten auf ihren angestammten Bezeichnungen. Sie ließen sich nicht ohne weiteres verwandeln wie ein Senkloch in einen Gulli oder eine Karnickelbucht in eine Box. Ging ein Gewitter nieder, *meeschte* es. Hatte ich auf der Tischdecke Zucker verstreut, hieß es: *Moosch* nicht so! Wenn ich gar frech wurde, drohte Urgroßmutter spaßhaft mit dem Zeigefinger und warnte: Nu aber Schluß, sonst roochts!

Urgroßmutter, die: *Mutter der Großmutter od. des Groß-vaters*

192

Fächer und Fliegenklatsche

Um Himmels willen, was machen Sie da! höre ich meinen Chefredakteur stöhnen. Wir kämpfen um Marktanteile und Anzeigenkunden, ringen um jeden Leser, und Sie wollen unsere Zeitung einfach aussterben lassen? – Eben nicht. Hiermit setze ich die Tageszeitung als das nützlichste aller Nachrichtenmedien auf die Rote Liste.

Nie im Leben können wir auf Zeitungen verzichten. Sie werden bei Malerarbeiten zum Abdecken der Möbel und des Fußbodens benötigt; am besten eignen sich dafür großformatige Blätter wie die Wochenzeitung DIE ZEIT. Kleinere Blätter dienen im Sommer als Fächer und Fliegenklatsche und im Winter zum Ausstopfen der nassen Stiefel. Schnittmusterbogen werden aus Zeitungspapier gefertigt, Flaschen, Gläser, Fisch, Obst und Gemüse darin eingewickelt. Selbst Babys sollen nach einer Sturzgeburt in Zeitungen warmgehalten worden sein ...

Ich bin zwischen Zeitungsstapeln aufgewachsen und hatte schon als Abonnent des *Bummi* Druckerschwärze an den Fingern. *ABC-Zeitung*, *Frösi* und *Trommel* haben wir an Pioniernachmittagen für die Wandzeitung zerschnippelt oder bei der Schnitzeljagd im Wald verstreut. Mein Vater las mehrere russische Zeitungen im Original und strich jeweils die Artikel an, die er aufheben und archivieren wollte. Ich schnitt sie ihm aus und kassierte fünf Pfennige pro Artikel. Ein Mehrfaches bekam ich, wenn ich die abgelegten Zeitungen bündelte und zum Altstoffhändler brachte. Mein Onkel H. konnte, wenn er bei uns zu Besuch war, auf seinen liberaldemokratischen *Morgen* nicht verzichten. Gleich nach dem Aufstehen marschierte er zum Bahnhof und kehrte eine halbe Stunde später mit dem Leib- und Magenblatt in der Manteltasche zurück. Doch der Onkel, der früher Rennen auf dem Sachsenring gefahren war, las die Zeitung überhaupt nicht, er kaufte sie nur wegen der Auto-Annoncen.

Trotz Fernsehens, Radio und Internet – Zeitungsseiten rascheln und knistern weiter am Frühstückstisch. Sie sind saugfähig, nehmen Kaffee, Milch und Blumenwasser auf. Und sie brennen gut. Versuchen Sie mal, ein Kamin- oder Lagerfeuer ohne Zeitung in Gang zu bringen. Zeitungen schützen auch. Einst habe ich meine Schulbücher in die *Märkische Volksstimme* eingeschlagen und die Fächer meines Soldatenspinds mit der *Jungen Welt* ausgelegt. Ganze Zeitungsstapel wurden während

194

des befohlenen Revierreinigens beim Fensterputzen verbraucht. Meine Hauskatze bevorzugt die *Thüringische Landeszeitung* als Schlafunterlage. Obdachlose decken sich nachts mit Zeitungen zu. Und ist das Klopapier alle, freut man sich über eine *Bild*, selbst wenn dieses Blatt für gehobene Bedürfnisse zu holzig erscheint.

Zeitungen unterhalten, zerstreuen und lenken von Ehe- und Familienproblemen ab. Sie beenden Aussprachen und beleben das Straßenbild. Ohne sie hätte der Zeitungsständer längst ausgedient und der Zeitungsjunge keine Zukunft. Kioske und Tabakläden schmücken sich mit Zeitungen. Auch Spione und Detektive profitieren von dem unhandlichen Faltblatt; sie benutzen die Zeitung als Deckung und spähen durch ein kleines Loch unauffällig ihre Umgebung aus. Und worauf sollen Mann und Frau, die sich über eine Zeitungsannonce kennenlernen, beim ersten Rendezvous achten, wenn nicht auf die Zeitung unterm Arm?

»Who wants yesterday's papers? Who wants yesterday's girls?« singen die Rolling Stones. Zeitungsseiten vergilben wie wir Zeitungsnutzer auch. Doch aus vergilbten Zeitungen lassen sich noch Jägerhüte und Malermützen falten. Apropos Falten: Die Rolling Stones sind heute auch nicht mehr ganz frisch. Who wants yesterday's music?

Tageszeitung, die: *werktags od. täglich erscheinende u. auf billigem Papier gedruckte Schrift, die Neuigkeiten aus aller Welt u. nahezu allen Lebensbereichen verbreitet*

Rote-Rüben-Kantate

Zeugnishefte waren Klassenlehrern ein Graus, denn sie durften sich darin nicht verschreiben. Fäden hielten das Dokumentenpapier zusammen, und so ließ sich keine Seite entfernen, ohne daß nicht eine andere mit herausgefallen wäre. Etwa das Zeugnis der zweiten Klasse mit dem Zeugnis der neunten. Oder das Halbjahreszeugnis der fünften mit dem Halbjahreszeugnis der siebten. Da es sich jeweils um eine Doppelseite handelte, hing auch noch eine Seite vom Vorjahreszeugnis mit dran. Rechts standen die Fachnoten, links die *Kopfnoten* und die *Gesamteinschätzung*. Ich bin sicher, daß die meisten Lehrer ihre Schülerbeurteilungen zunächst vorgeschrieben und erst dann ins reine übertragen haben, aus doppelter Vorsicht. An manchen Schulen wollte der Direktor die Entwürfe vorher sehen, und allzu Kritisches wurde geglättet.

Mein Zeugnisheft liest sich wie eine fortgesetzte Erfolgsgeschichte. Alle Klassenlehrer – es waren derer fünf – loben mich in den höchsten Tönen. Als hätten sie bei der Beurteilung meiner Schülerpersönlichkeit voneinander abgeschrieben oder eine Schablone benutzt. »Er erhielt dreimal ein Lob«, heißt es am Ende der zweiten Klasse, nach der siebten: »Sein Verhalten gegenüber den Lehrern und Mitschülern ist stets lobenswert« und nach der neunten: »Mehrere der zahlreichen Lobe wurden unter der Fahne ausgesprochen«. Abgesehen davon, daß zu jener Zeit Tugenden wie Fleiß, Pünktlichkeit, Disziplin, Höflichkeit und Hilfsbereitschaft noch einige Bedeutung beigemessen wurde, ist mir soviel Lobhudelei heute peinlich. War ich denn immer nur brav und angepaßt? Bin ich wirklich niemals getadelt worden?

Doch, einmal wurde ich vor der versammelten Schülerschaft gerügt, weil ich in einer Krankenhausgärtnerei Rhabarber geklaut hatte. Ein andermal flog ich aus dem Musikunterricht. Unser Musiklehrer, der zugleich Leiter des Schulensembles war, saß am Klavier und spielte uns seine Kantate vor, die er zum 20. Jahrestag der LPG *Roter Oktober* geschrieben hatte. In dem Chorwerk erhielten nicht nur Melkerinnen und Traktoristen, sondern auch Kühe, Hühner, Schweine, selbst Mähdrescher und Futterrüben eine Stimme, und nach der Ernteschlacht triumphierte der sozialistische Kollektivgeist über die kapitalistische Kleinbäuerei. Während des Vortrags konnte ich mich nicht beherrschen und prustete los. Gustav R., genannt *Gustl*,

ließ den Klavierdeckel knallen. Ich bekam einen Tadel ins Klassenbuch, einen Eintrag ins Hausaufgabenheft und mußte mich unverzüglich beim Direktor melden.

Der Schulchor weigerte sich später, das Werk öffentlich aufzuführen. Und mein Tadel wurde getilgt, weil auch der Direktor unserer Schule die Rote-Rüben-Kantate in den siebziger Jahren nicht mehr für ganz zeitgemäß hielt. Aus Rache ließ Gustl bei nächster Gelegenheit die gesamte Klasse nachsitzen, und wir wurden für unseren Ungehorsam mit fünfundvierzig Minuten Beethoven bestraft.

Lob und Tadel werden heute kaum noch im Klassenbuch vermerkt, und Strafarbeiten machen ohnehin keinen Sinn. Vorbei die Zeiten, in denen der Lehrer einem flegelhaften Schüler auftragen konnte, fünfzigmal den Goethe-Vers »Edel sei der Mensch, hilfreich und gut« abzuschreiben. Vorbei die Züchtigung mit Rohrstock und Lineal, die Nachhilfe im Gemüsegarten des Schulleiters und der Arrest im Lateinkabinett. Vorbei auch die Zeit, da ein Schüler wegen politischer Äußerungen oder einer provozierenden Wandzeitung der Schule verwiesen wurde. Einträge ins Hausaufgabenheft gibt's zwar noch, doch werden sie, wie der Lehrer selbst, wohl nicht mehr recht ernst genommen. »Martin hat auf dem Schulhof mit Schneebällen geworfen«, beschwerte sich kürzlich eine besorgte Lehrerin bei den Eltern. Die Mutter zeichnete gegen und schrieb darunter: »Und, hat er getroffen?«

Tadel, der: *schriftliche Beschwerde des Lehrers über einen ungehorsamen Schüler, die von einem Elternteil gegengezeichnet werden muß*

Zeugnisheft, das: *Heft mit Zeugnisvordrucken im DIN-A5-Format, in dem alle Zeugnisse bis zum ersten Halbjahr der zehnten Klasse eingetragen werden*

Letzte Rauchzeichen

Ihr unverbesserlichen Paffer, Schmaucher und Schmeler, ihr Pfeifenköpfe und Luftverschmutzer – heraus mit euch aus dem schützenden blauen Dunst! Ein Königreich für eine Kippe? Nichts da, das Stummelchen wird am Boden ausgetreten, ab heute ist für immer Aschermittwoch. Soll denn die Zigarette, dieses kleine, doch verheerende Menschheitslaster, allen Ernstes mit auf die Liste jener Dinge, die wir einmal vermissen werden? Warum nicht, wenn's wirklich die letzte ist ...

Was, so werden die Nikotinsüchtigen hustend einwerfen, wird, wenn es keine Rauchwaren mehr gibt, aus den Scharen armseliger Tabakpflücker und Zigarettenschmuggler, aus den Arbeitsplätzen in der Zigaretten-, Feuerzeug- und Aschenbecherindustrie? Und der Staat, der die Steuer kassiert, ginge pleite. Warum also die schöne, stolze Raucherkultur tilgen, den ersten und letzten Akt der Verführung? Nie mehr ließen sich aus einem schüchternen »Haben Sie mal Feuer?« und dem entwaffnenden Augenaufschlag beim Zigarettenanzünden Funken schlagen. Nie mehr könnte man *danach* im

Bett eine rauchen. Was wäre ein Kommissar Maigret ohne Pfeife, ein Erich Kästner ohne Zigarette? Was wären Brecht, Churchill und Heiner Müller ohne ihre Zigarren? – Moment! Wollt ihr etwa ernsthaft behaupten, daß alle großen Geister dem Tabakteufel verfallen wären? Da kann ich euch mit Goethe die Piepe stopfen: »Die Schmauchlümmel ersticken jeden honetten Menschen, der nicht zu seiner Verteidigung zu rauchen vermag.«

Gehen wir zur Attacke über. Fragen wir, wie sich die Raucherbande samt ihrer Tabaklobby schnell und umweltverträglich entsorgen läßt. Nach dem explosiven

Wilhelm-Busch-Prinzip? »Rums!! – Da geht die Pfeife los / Mit Getöse, schrecklich groß.« Oder bedarf es erst einer Prozeßlawine nach neuestem amerikanischen Muster? In Florida haben fünfhunderttausend kranke Raucher fünf kerngesunde Tabakfirmen verklagt. Auf die Glimmstengelerzeuger kommen nun Schadensforderungen in Höhe von dreihundert Milliarden Dollar zu. Tendenz steigend. Wie wohl fühlt sich da noch unsere deutsche Rauchergilde? Pafft sie fröhlich weiter? Man weiß ja: Nikotinsüchtige leben kürzer, aber sie röcheln länger. Und werden zwangsläufig impotent. Wissenschaftler der Universität Boston haben herausgefunden, daß starkes Rauchen den Penis um bis zu acht Millimeter verkürzen kann. Man weiß nur noch nicht genau, ob pro Zigarette oder pro Schachtel. Hofft ihr Smoker allen Ernstes auf die Wunder der Gentechnologie? So viele Kehlköpfe, Lungenflügel und Raucherbeine, wie jedes Jahr amputiert werden, können gar nicht gezüchtet werden. Ach, alles nur Schall und Schmauch? Na dann, einen letzten tiefen Zug – und ab auf die Raucherinsel!

Zigarette, die: *zum Rauchen dienende etwa fingerlange dünne Hülse aus Papier, die mit fein geschnittenem Tabak gefüllt ist*

Dinge, die wiederkehren

Neulich rief mich ein Freund per Handy an: Hast du die Kuchenränder schon auf der Liste?

Was denn für Kuchenränder?

Na Kuchenränder. Ich bin gerade beim Bäcker. Früher gab's doch hier immer Kuchenränder, eine ganze Papiertüte voll für den Groschen.

Groschen, Papiertüte, registrierte ich im stillen. Die letzten Groschen sind mit der D-Mark ausgestorben. Die Papiertüte knistert weiter. In manchen Läden gibt es sie wieder, die gefaltete, geklebte Tüte aus Altpapier, die man nach Gebrauch zerknüllen oder aufpusten und effektvoll zum Platzen bringen kann ...

Nicht alles, was einmal ausgemustert wird, verschwindet für immer. Der Campingbeutel beispielsweise erlebt derzeit seinen zweiten Frühling. Oder der Roller. So schlendern erwachsene Leute mit schicken Stoff- und Lederrucksäcken durch die Stadt, flitzen Hostessen und Kuriere auf kleinen, blitzenden Metallrollern vorüber. Fahrradrikschas verkehren im Weimarer Park an der Ilm und in der Berliner Straße *Unter den Linden*; man mußte das Dreirad kein zweites Mal erfinden. Die Milchflasche ist wieder aufgetaucht, Schnürsenkel und Eierwärmer sind noch im Gebrauch, und der praktische Bügelverschluß macht in den Brauereien dem Kronkorken Konkurrenz. Die Schallplatte hat ihr Revival und genießt inzwischen Kultstatus. Ob auch die Kragenbinde, das Chemisette, der Muff und der Überzieher eines Tages zu uns zurückfinden?

Die Mode kehrt wieder – auf Plateauschuhen, mit Schlaghose und mit Pomade im Haar. Man mag es kaum glauben, nicht nur Elvis, die Beatles und Abba sind wieder da, auch die Lieder und Hymnen der Pionier-, FDJ- und Arbeiterbewegung der DDR erleben eine Wiedergeburt: »Bau auf, bau auf«, »Sag mir, wo du stehst«, »Blaue Wimpel im Sommerwind«, »Heut ist ein wunderschöner Tag«, »Immer lebe die Sonne« ... Als Tondokumente auf CDs gebrannt, werden sie mit einemmal gern gekauft. Ich weiß nicht, wo man diese Lieder heutzutage hört, vielleicht auf *Ostalgiepartys*, beim Klassentreffen oder heimlich auf dem Klo. Die Volksparteien haben keine Lieder, sie inszenieren sich im Fernsehen, ordern Entertainer und Popsänger, und wenn einmal gemeinsam gesungen werden muß – etwa am Tag der Einheit oder auf Parteitagen, um Gemeinschaftsgeist und Geschlossenheit zu demonstrieren –, reicht es meist nur zur dritten Strophe des Deutschlandlieds.

Das Kinder- und Hausmärchen erfährt eine Renaissance, doch die alte deutsche Rechtschreibung soll abgeschafft worden sein. Für immer? In vielen Buchverlagen wie auch in der *Frankfurter Allgemeinen Zeitung* wird sie weiterhin gepflegt. Und auch ich verfasse dieses Buch nach bewährter traditioneller Schreibweise: Das *Betttuch* mit drei t gehört zerschnitten, es lebe die *Schiffahrt* mit zwei f!

Ballons und Luftschiffe hängen träge am Himmel und trotzen dem Geschwindigkeitsrausch. Windräder drehen sich am Horizont, und frische, knusprige Bäckerbrötchen duften wieder in den Einkaufskörben. Ich bin sicher, daß auch die Brotbüchse – die ursprünglich aus

Blech war, dann in fröhlichen Farben als Plasteversion in jeden Schulranzen und jede Aktentasche gehörte, ehe sie von der Zellophantüte und dem Stanniolpapier verdrängt wurde – noch nicht aus der Welt ist. Die Brotbüchse ist praktisch und umweltverträglich, und sie sorgt für geregelte Zwischenmahlzeiten; gibt es das *Pausenbrot* überhaupt noch?

Vieles von dem, was sinnvoll und wiederverwendbar ist, wird irgendwann zu uns zurückkehren. Eines Tages wird sich die Wegwerfkultur selbst entsorgen, und bei mir bekommt sie keinen Listenplatz. Es wird sowieso eng auf der Roten Liste. Vielleicht sollte ich sie vorerst schließen. Ich bin kein Angestellter im Fundbüro, kein Archivar und schon gar kein wandelndes Lexikon. Ich erinnere mich nur. Was ich am stärksten vermisse? Die Stille. Und den Sendeschluß.

Sendeschluß, der: *Flimmern u. Rauschen*